FALTPLAN

»Schreiben Sie uns!

Wir hoffen, dass Ihnen dieser Reiseführer gefällt und er Ihnen ein guter Begleiter auf einer außergewöhnlichen und spannenden Reise ist.

Weil ein Reiseführer von Erfahrungen lebt, sind wir an Ihren Erlebnissen interessiert: Haben Sie im Buch ein Restaurant entdeckt, das es nicht mehr gibt, eine Sehenswürdigkeit, die wir noch nicht aufgeführt haben, oder eine falsche Adresse? Dann schreiben Sie uns!

Wir nehmen jeden Hinweis und jede Kritik ernst und arbeiten kontinuierlich daran, die Bücher aktuell zu halten und immer weiter zu verbessern. Auch wenn wir nicht jeden Wunsch erfüllen können, machen wir uns immer Gedanken über Ihre Anmerkungen.

Schreiben Sie an: info@reise-know-how.de oder Reise Know-How Verlag Peter Rump GmbH, Postfach 140666, 33626 Bielefeld

Wenn sich Ihre Infos direkt auf das Buch beziehen, bitten wir um die Angabe der Seitenzahl und der Auflagennummer bzw. des Erscheinungsjahres. Besonders hilfreiche Beiträge belohnen wir mit einem Sprachführer Ihrer Wahl aus unserer „Kauderwelsch"-Reihe.

Herzlichen Dank und gute Reisen
Ihr Reise Know-How Verlag

Diesem Buch wurde hier ein herausnehmbarer Faltplan beigefügt.
Sollte er beim Erwerb des Buches nicht mehr vorhanden sein, fragen Sie bitte bei Ihrem Buchhändler nach.

Liebe Leserin, lieber Leser,

ein unabhängiger Verlag für unabhängig Reisende – das sind wir, der Reise Know-How Verlag aus Bielefeld, eines der letzten Familienunternehmen in der Branche. Obwohl wir zu den größten Reiseführerverlagen Deutschlands gehören, ist der familiäre Umgang miteinander in allen Bereichen des Verlagslebens zu spüren: In der Geschäftsführung in zweiter Generation, in einer wertschätzenden Arbeitsatmosphäre, in der Nähe zu unseren frei arbeitenden Autorinnen und Autoren, im engen Austausch mit unseren Leserinnen und Lesern – und auch in der Zusammenarbeit mit Druckereien in Deutschland, in denen wir ausschließlich und regional unsere Bücher produzieren. Die sollen schließlich erst mit Ihnen auf große Reise gehen.

Alles, was wir in unsere Bücher und Landkarten stecken, soll Ihnen eines ermöglichen: Auf Ihre ganz eigene, individuelle Weise die Welt zu entdecken. Wir wünschen Ihnen viel Freude und unvergessliche Erlebnisse mit diesem Reiseführer.

Es grüßen herzlich
Peter Rump & Wayan Rump

Padua, die Stadt der Fresken

„Ma quando torno a Padova, me sento a casa mia" („Wenn ich nach Padua zurückkehre, so fühle ich mich zu Hause"), so sang 1960 bereits Umberto Marcato und so fühle ich mich auch, wenn ich das Ortseingangsschild mit der Aufschrift „Padova" erreiche.

Padua ist Zuhause für viele Künstler, Wissenschaftler und Studenten, aber auch zahlreiche Touristen bevölkern die Stadt und betrachten mit staunendem Blick die Basilica di Sant'Antonio 28, die herrlichen Fresken Giottos in der Scrovegni-Kapelle 2 und die wunderschönen Malereien vieler weiterer Künstler in den zahlreichen Kirchen der Stadt.

Padua war schon immer ein Anziehungspunkt für alle, die sich für Kunst, Architektur, Literatur und Naturwissenschaften interessieren. Das hat sich bis heute nicht geändert. Viele junge Menschen zieht es in die Stadt, um einen der zahlreichen Studiengänge an der Universität zu belegen. So ist es kein Wunder, dass es in Padua, insbesondere rund um das Ghetto 18, viele Studentenbars gibt.

Padua ist eine Stadt der Gegensätze. Neben einer modernen Kneipe steht nicht selten ein mittelalterlicher Palazzo wie der imposante Palazzo della Ragione 16. Die architektonische Krönung ist der Prato della Valle 25, der vom modrigen Sumpfgebiet zu einem der größten innerstädtischen Plätze Europas aufgestiegen ist.

Padua wächst – und das rasant. Die Covid-19-Pandemie konnte das Wachstum nur zeitweilig verlangsamen und schon ein Jahr nach dem kompletten Lockdown zog die Regierung mit neuen Förderprogrammen neue Investoren an, versuchte Bauern mit Fernkursen den Agrotourismus schmackhaft zu machen und plante, ihr Infrastrukturnetz ab 2022 weiter auszubauen. Padua soll noch bunter werden, es soll wirtschaftlich und kulturell wachsen, um mit der allgemeinen Entwicklung Schritt halten zu können. So ist die Stadt stets im Wandel. Jedes Jahr gibt es etwas Neues zu entdecken und das ist der Grund, weshalb Padua auch nach Jahrhunderten immer noch ein enormer Anziehungspunkt ist.

Die Autorin

Sandra Mwamba (www.italien-sehenswertes.de, https://padua-erleben.de) hat in Leipzig Ägyptologie studiert und bereist Italien bereits seit ihrer Kindheit. Aus jährlichen Urlauben wurde schließlich ein quartalsweises Pendeln in ihre zweite Heimat, in der sie inzwischen viele Freunde hat. Padua hat sie dabei besonders ins Herz geschlossen. Der stete Wandel der Stadt fasziniert sie schon seit mehr als einem Jahrzehnt. Sie wird nicht müde, immer wieder Neuerungen aufzuspüren und Padua dabei bis in den kleinsten Winkel zu erforschen.

051pa-sm

Padua auf einen Blick

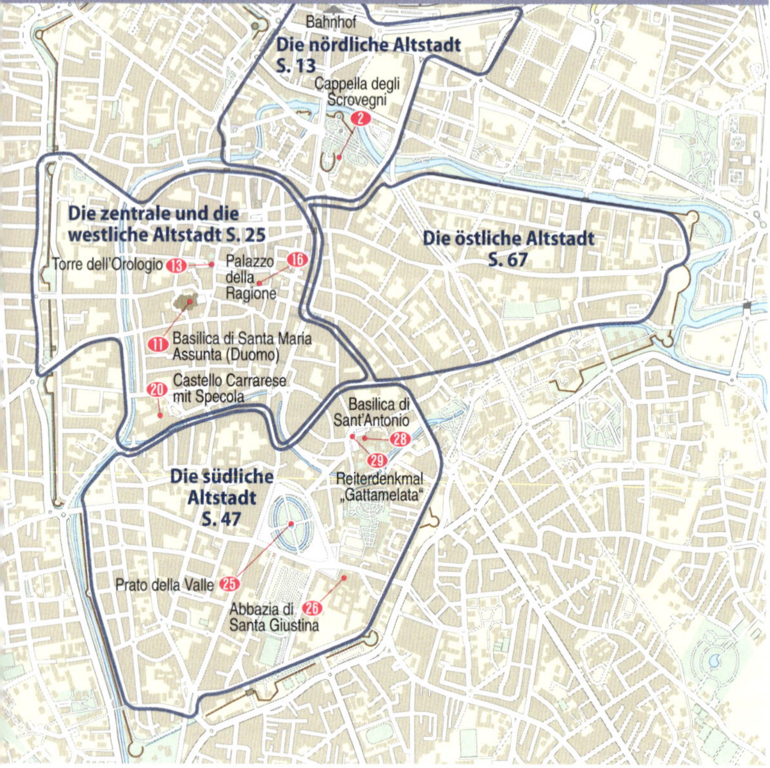

Inhalt

Cleveres Nummernsystem

Die Sehenswürdigkeiten sind im Text und im Kartenmaterial mit derselben **magentafarbenen ovalen Nummer** ❶ markiert. Alle anderen Lokalitäten wie Geschäfte, Restaurants usw. tragen ein **Symbol und eine fortlaufende rote Nummer** (**1**). Die Liste aller Orte und die Zeichenerklärung befinden sich im Anhang.

Der Schmetterling ...

... zeigt an, wo man Angebote im Bereich des nachhaltigen Tourismus findet.

Bewertung der Sehenswürdigkeiten

★★★ nicht verpassen
★★ besonders sehenswert
★ wichtig für speziell interessierte Besucher

Planquadrat im Kartenmaterial

[A1] Orte ohne diese Angabe liegen außerhalb unserer Karten. Ihre Lage kann aber wie die aller Ortsmarken mithilfe der begleitenden Web-App angezeigt werden (s. Anhang).

Updates zum Buch

www.reise-know-how.de/citytrip/padua24

Vorwahlen

- Italien: 0039
- Padua: 049

Bei italienischen Festnetznummern ist die Ortsvorwahl fester Bestandteil der Rufnummer. Bei Anrufen aus dem Ausland wird die 0 der Ortsvorwahl auch nach Eingabe der Landesvorwahl mitgewählt. Mobilfunknummern beginnen mit einer 3.

⊡ Blick auf die Abbazia di Santa Giustina ⑵⑥ am Prato della Valle ⑵⑤ (Foto: 052pa©Stefano Piazza, stock.adobe.com)

NICHT VERPASSEN!

2 Cappella degli Scrovegni [D2]

Die Kapelle beherbergt einen der größten Schätze der Freskenmalerei in Europa: einen farbintensiven Bildzyklus des Malers Giotto di Bondone (s. S. 16).

11 Basilica di Santa Maria Assunta [B4]

Der Dom, wie die Padovani die Basilika nennen, weist in seiner Krypta eine der detailreichsten Stuckdecken Italiens auf (s. S. 29).

13 Torre dell'Orologio [C4]

Im Uhrturm auf der Piazza dei Signori kann man eine der schönsten und ältesten mechanischen Uhren Italiens bestaunen (s. S. 33).

16 Palazzo della Ragione [C4]

Der imposante Palazzo della Ragione mit seinem charakteristischen Dach, der herrlichen Loggia und einem rund 200 m langen Freskenzyklus im Inneren dominiert die Piazza delle Erbe (s. S. 36).

20 Castello Carrarese mit Specola [B5]

Die Schlossanlage wurde einst als Festung und Gefängnis genutzt. Im Specola genannten Turm befand sich eine Sternwarte. Heute ist hier das astronomische Museum untergebracht (s. S. 45).

25 Prato della Valle [C6]

Der Prato della Valle gehört zu den größten innerstädtischen Plätzen Europas. Auf ihm reihen sich 78 lebensgroße Statuen aneinander, die für Padua wichtige Persönlichkeiten ehren (s. S. 52).

26 Abbazia di Santa Giustina [D7]

Die Kirche ist eines der wichtigsten religiösen Gebäude Paduas und beeindruckt allein schon durch ihre imposante Fassade (s. S. 54).

28 29 Basilica di Sant'Antonio und Reiterdenkmal „Gattamelata" [D5]

Unter den Kirchen Norditaliens ist die Basilica einer der bedeutendsten Pilgertreffpunkte. Vor ihr thront das vom Bildhauer Donatello gestaltete Reiterdenkmal des Söldnerführers Gattamelata (s. S. 59 und S. 63).

PADUA ENTDECKEN

001pa-sm

Willkommen in Padua

„Venezia la bella, e Padova sua sorella" („Venedig die Schöne, und Padua ihre Schwester"), so lautet ein italienisches Sprichwort und es hat nicht unrecht, denn Padua (ital. Padova) mit all seinem architektonischen und künstlerischen Reichtum kann durchaus mit der berühmten Lagunenstadt verglichen werden. Padua zog im Laufe seiner Geschichte viele berühmte Persönlichkeiten und Meister an, die in der Stadt verewigt wurden oder sich selbst verewigten. Beispiele gibt es viele: Giotto, Donatello, Petrarca, Nievo oder auch Dante Alighieri haben zum Teil als eindrucksvolle Statuen auf einem der größten innereuropäischen Plätze, dem **Prato della Valle** 25, ihren Platz gefunden. Schon zu Lebzeiten von Alighieri (1265–1321) wurde der Prato della Valle für Veranstaltungen genutzt, besonders nach Regen verwandelte er sich jedoch in ein sumpfartiges Gelände, bis er im 18. Jahrhundert komplett umstrukturiert wurde. Heute ist der Platz ein beliebter Treffpunkt für die Jugend, aber auch für Verliebte, die die Abendstunden am beleuchteten Springbrunnen romantisch ausklingen lassen möchten.

Die gesamte Alt- und Innenstadt kann man bequem **zu Fuß** oder auch **per Fahrrad erkunden** – schließlich bietet Padua 168 km an Radwegen (s. S. 123). Öffentliche Verkehrsmittel sind nur dann nötig, wenn man in die Randgebiete möchte, ein Auto, wenn Gebiete außerhalb Paduas auf dem Besichtigungsprogramm stehen.

Vorseite: Die imposante Basilica di Sant'Antonio 28 ist bereits von Weitem zu sehen

Wichtig ist es, sich bei einem Besuch der Stadt nicht zu viele Sehenswürdigkeiten auf einmal vorzunehmen, denn allein die Besichtigung der **Basilica di Sant'Antonio** 28 nimmt etliche Stunden in Anspruch. Für das danebenstehende **Oratorio di San Giorgio** 30 sollte mindestens eine weitere Stunde eingeplant werden. Nicht zu vergessen sind die Wartezeiten, denn es dürfen nur stets eine Handvoll Personen das Oratorium gleichzeitig bestaunen.

Der Platz vor der Basilika mit dem **Gattamelata-Denkmal** 29 ist wohl der Treffpunkt von Touristen schlechthin. Hier reihen sich die Souvenirläden aneinander und staunende Besucher hoffen, in den umliegenden Cafés mit Blick auf das imposante Kirchengebäude einen lauschigen Platz zum Verschnaufen zu finden. Die Via M. Cesarotti führt von hier geradewegs zur **Via San Francesco**, die durch ihre venezianische Architektur zu den eindrucksvollsten Straßen Paduas gehört. Wer sie Richtung Norden hinaufgeht, trifft unweigerlich auf das **Convento und die Chiesa di San Francesco** 33, das Grab des Antenor (**Tomba di Antenore** 34) und die **Piazza delle Erbe**, wo sich Frischwaren wie Obst, Gemüse, Fleisch und Pflanzen auf dem Markt in großer Auswahl finden. Auch auf den anderen angrenzenden Plätzen wie der Piazza della Frutta und der Piazza dei Signori finden regelmäßig **Wochenmärkte** statt (s. S. 96).

Kunst- und Geschichtsfans kommen in der Altstadt Paduas an fast jeder Ecke auf ihre Kosten. Die wichtigen Sehenswürdigkeiten stehen nah beieinander. Wer für seine Liebsten zu Hause noch Mitbringsel erstehen möchte, der findet in der Altstadt zudem zahlreiche Geschäfte. **Ruhesu-**

002pa-sm

chende finden im **Botanischen Garten** 27 nahe dem Prato della Valle und in unmittelbarer Umgebung der **Cappella degli Scrovegni** 2 idyllische Plätze inmitten der Natur.

Im **Ghetto di Padova** 18, das im 17. Jahrhundert gegründet wurde und sich nahe der belebten Plätze Piazza delle Erbe und Piazza del Duomo erstreckt, lebten früher jüdische Handwerksfamilien. Heute sind hier kleine Läden aller Couleur zu finden: Neben Läden, die Musikinstrumente, Waren des alltäglichen Bedarfs und Gemälde verkaufen, bieten Barbiere ihre Rasierkunst an. Trödelhändler erfreuen sich an ihren kleinen und großen Schätzen und urige Cafés verköstigen eine Handvoll über vergangene Zeiten philosophierende Senioren. Das früher isolierte Ghetto hat sich zum Lieblingsort für all diejenigen entwickelt, die sich nur einen Katzensprung vom Trubel der Stadt entfernt eine Pause gönnen möchten.

Entlang der **Kanäle** Paduas spürt man einen Hauch von venezianischer Lagunenstadt-Atmosphäre, was durch die teilweise direkt im Wasser stehenden Häuser im typischen Architekturstil Venedigs noch verstärkt wird. In der gesamten Stadt gibt es zahlreiche Brücken, die zum Teil römischer oder mittelalterlicher, aber auch neuzeitlicher Natur sind. Am beeindruckendsten ist die Aussicht von der **Ponte Paleocapa** [B5], welche die Sicht auf den sich in die Kanäle Naviglio und Tronco Maestro teilenden Kanal Tronco Maestro und die Specola, den Turm des **Castello Carrarese** 20, freigibt.

Auch auf kulinarische Genüsse muss in Padua niemand verzichten. Die Stadt ist zum Beispiel bekannt für sein Huhn, das es von herzhaft bis süß-sauer gegart in vielen Restaurants gibt. Für die lebendigen Exemplare des Paduanischen Huhns gibt es sogar einen eigenen Markt.

Stolz überlickt die Reiterstatue des Gattamelata 29 den Vorplatz der Basilica di Sant'Antonio 28

Kurztrip nach Padua

Padua eignet sich hervorragend für einen Besuch am Wochenende, denn die Stadt ist überschaubar groß und die Sehenswürdigkeiten sind gut erreichbar. Es ist empfehlenswert, am **Freitag** anzureisen und zunächst den auf Seite 11 beschriebenen **Stadtspaziergang** zu unternehmen, um die Schönheit der Stadt und die Vielzahl an architektonischen Schätzen auf sich wirken zu lassen.

Mein Tipp

Die Stadt von oben

- Vom **Osservatorio Astronomico di Padova** (s. S. 47): Rund 200 Stufen führen in der Specola 20 ganz nach oben. Aus ca. 50 m Höhe kann man hier eine tolle Aussicht über Padua genießen.
- Von der Dachterrasse des Hotels **Casa al Carmine** (s. S. 124): Die rund 300 m² große, zum Teil überdachte Dachterrasse lädt zum Entspannen und Sonnenbaden mit herrlichem Ausblick über Padua ein.

003pa-sm

Am **Samstag** kann man dann aus einer Fülle an Sehenswürdigkeiten wie der **Basilica di Sant'Antonio** 28, dem **Oratorio di San Giorgio** 30, dem **Duomo** 11, dem **Battistero** 12 oder dem **Palazzo della Ragione** 16 wählen. Abends lohnt sich der Weg in das beliebte **Ristorante Il Vecchio Falconiere** (s. S. 88), das schöne Außen- und Innenplätze zu bieten hat (Reservierung empfehlenswert).

Am **Sonntagvormittag** könnte man zum Beispiel zu Fuß entlang des Kanals von der **Porta del Portello** [G3] in Richtung des **Castello Carrarese** 20 mit seinem imposanten, alten Wehrturm, der heute Specola genannt wird, gehen. Die Burg, die an der Gabelung der beiden Kanäle Tronco Maestro del Bacchiglione und Naviglio Interno errichtet wurde, kontrollierte früher alle Wasserzugänge der Stadt und war damit einer der wichtigsten Punkte des Verteidigungssystems Paduas.

Ebenso interessant ist ein Bummel in das südlich gelegene alte Fischerquartier **Bassanello** [bg], wo der Bacchiglione und der Tronco Maestro aufeinandertreffen. Wer nicht die ganze Zeit laufen möchte, kann sich alternativ auf eines der zahlreichen **Mietfahrräder** setzen und Padua entlang der Kanäle per Rad erkunden (s. S. 123).

Am Nachmittag ist ein Besuch der **Cappella degli Scrovegni** 2 und der **Chiesa degli Eremitani** 3 zu empfehlen und zum Ausklang des Tages bietet es sich an, auf einen Spritz in die **Bar Gattamelata** (s. S. 63) einzukehren.

In Padua gibt es selbst in den verwinkelsten Ecken etwas zu Bestaunen

Stadtspaziergang

Um die Schönheit Paduas auf sich wirken zu lassen, lohnt sich ein ausgiebiger Stadtspaziergang von rund 2½ Stunden (etwa 9 km). Beginnend mit einem gemächlichen Bummel entlang des Kanals Tronco Maestro mit Blick aufs Wasser und die Brücken geht es an beeindruckenden Architekturschönheiten vorbei. Im Ghetto Paduas 18 *werden dann die Uhren zurückgedreht, bevor es von dort aus zu den architektonischen Hinterlassenschaften der großen Signorien (s. S. 13) des Mittelalters geht. Vorbei an der alten Stadtmauer und Basteien aus der Renaissance endet der Spaziergang mit einem Blick auf die zeitgenössische Baukunst.*

Vom **Hauptbahnhof** [D1] aus führt der Corso del Popolo Richtung Süden zu den **Giardini dell'Arena** [D2], einer Parkanlage, in der sich unter anderem die Überreste des antiken **Amphitheaters,** die **Chiesa degli Eremitani** 3 und die **Cappella degli Scrovegni** 2 befinden. Von dort aus führt die Via Giotto nach rechts über die **Porte Contarine,** einen 1526 von den Venezianern erbauten Treff- und Schleusenpunkt, an dem der Wasserstandunterschied zwischen dem Kanal Piovego und dem Kanal Naviglio Interno kontrolliert werden konnte, damit die vom Piovego kommenden Boote den Naviglio Interno hinauf- oder hinunterfahren konnten. Von diesem kleinen Meisterwerk der Hydraulik geht es am zeitgenössischen Mahnmal **Memoria e Luce** 5 vorbei und nach links in die Via del Carmine bis zur **Basilica Santa Maria del Carmine** 6 mit ihren vor der Fassade stehenden Palmen. Wieder links geht es auf der Via Dante Alighieri über die Ponte Molino und durch das mittelalterliche Stadttor **Porta Molino** 7, wo noch Reste der alten Stadtmauer zu sehen sind. Direkt vor dem Stadttor führt rechts der Weg auf die Via Antonio Tolomei und immer entlang des überwiegend von Bäumen gesäumten Kanals. Unterwegs kann man verschiedene Brücken bestaunen. Interessant sind z. B. die mittelalterliche **Ponte di San Leonardo,** von der aus der einstige Kern des jüdischen Ghettos erreicht wurde, oder die **Ponte di San Benedetto,** die im 13. Jahrhundert erstmals aus Holz errichtet, im 16. Jh. erneut aufgebaut

Routenverlauf im Stadtplan

Der hier beschriebene Spaziergang ist mit einer farbigen Linie im Stadtplan eingezeichnet.

Das gibt es nur in Padua

- Der **Prato della Valle** 25 ist der größte, innerstädtische Platz in Italien.
- Das **Rassehuhn Gallina Padovana** ist nicht nur wegen seiner Schönheit, sondern auch als kulinarische Delikatesse bekannt (s. S. 34).
- **Pan del Santo,** ein Kuchen aus Schokoladenstückchen, Mandeln, Eiern und Zucker, ist eine kulinarische Besonderheit, die auf die Basilica di Sant'Antonio 28 zurückgeht. Mönche der Basilika gaben den Reisenden und Armen Brot zur Stärkung und zur Linderung des Hungers, woraus im Laufe der Zeit das süße Pan del Santo entstand.
- Der **erste Liebeskuss in der Geschichte der italienischen Malerei** wurde von Giotto in der Cappella degli Scrovegni 2 verewigt.

und 1881 durch eine eiserne Brücke im Jugendstil ersetzt wurde. Die **Ponte dei Tadi** war die wichtigste Brücke des mittelalterlichen Padua und die **Ponte di San Giovanni delle Navi** aus dem Jahr 1285 fungierte als Anlegeplatz für Boote aus Vicenza und von der Euganeischen Riviera und war zugleich Umschlagplatz für Obst und Gemüse.

Auf der **Ponte Sant'Agostino** überquert man den Kanal und geht auf der anderen Seite nach links weiter bis zur **Ponte Paleocapa**, immer mit schönem Blick auf die **Specola**, den imposanten Wehrturm des **Castello Carrarese** 20. Den besten Blick hat man direkt von der Ponte Paleocapa, denn dort teilt sich der Kanal in zwei Arme auf. Auf der anderen Seite der Brücke folgt man der Via A. Riello und der Via Santa Maria in Vanzo nach Süden, bevor man nach links in die Via Alberto Cavalletto einbiegt und dieser bis zum imposanten Stadtplatz **Prato della Valle** 25 mit der schönen **Loggia Amulea** und der bedeutenden **Abbazia di Santa Giustina** 26 folgt.

Wer möchte, kann einen Abstecher in den nahe gelegenen Botanischen Garten 27 machen, ansonsten folgt man der Via Beato Luca Belludi zur imposanten **Basilica di Sant'Antonio** 28 mit dem **Reitermonument Gattamelata** 29, läuft die Via M. Cesarotti bis zu ihrem Ende und biegt dort nach links auf die Via S. Francesco ein.

Der engen Straße mit ihren hübschen Arkaden folgt man bis zum **Tomba di Antenore** 34, biegt rechts in die Riviera dei Ponti Romani und gelangt wiederum links über die Via Cesare Battisti zum **Palazzo del Bo** 17 in der Via VIII Febbraio. In ihm befinden sich das Rektorat der Universität von Padua und die Fakultät der Rechtswissenschaften. Nur wenige Schritte entfernt kann man im legendären Intellektuellencafé Pedrocchi (s. S. 90) eine Verschnaufpause einlegen.

Weiter geht es über die Piazza delle Erbe mit dem großen **Palazzo della Ragione** 16, einem architektonischen Meisterwerk aus dem 13. Jh., zur Piazza dei Signori, an der sich der **Torre dell'Orologio** 13 befindet, der die wohl schönste mechanische Uhr Italiens zu bieten hat. Vom Torre über die Piazza Capitaniato, dann links in die Via Accademia und wieder links in die Via Arco Valaresso einbiegend erreicht man den **Duomo di Padova** 11 und das **Battistero** 12. Von hier aus betritt man über die Via Obizzi das **ehemalige jüdische Ghetto** 18. Das Getümmel nimmt schlagartig ab, es wird spürbar ruhiger. In der traditionellen **Osteria dal Capo** (s. S. 87) kann man einen kleinen *spuntino* (Snack) zu sich

Padua alla Venezia – ein Hauch von Venedig inmitten Paduas

nehmen, bevor es zur **Chiesa di Santa Maria dei Servi** (19) weitergeht. Man erreicht sie über die Via Obizzi und die Via Marsala, an deren Ende man nach rechts in die Via Roma einbiegt, der man bis zur Kirche folgt. Von hier führt der Weg dann über die Via Roma zurück bis zur Via Francesco, auf die man rechts einbiegt. Man folgt ihr bis zur Piazza Antenore und biegt dann links in die **Riviera dei Ponti Romani** ein. Nun spaziert man rund 500 m diese große Straße entlang bis zu dem Punkt, an dem sich der Corso Giuseppe Garibaldi und der Largo Europa kreuzen. Man biegt rechts auf den Corso ein und folgt ihm bis zur Brücke **Ponte del Popolo,** wobei man unter anderem die Statue seines berühmten Namensgebers passiert. Die Brücke überquert man und gelangt so geradeaus auf den **Corso del Popolo.** An dessen Ende erreicht man wieder den Ausgangspunkt des Spaziergangs, den Hauptbahnhof.

KURZ & KNAPP

Signoria

Als **Signoria** wurde in Italien zwischen dem 13. und 15. Jahrhundert die Herrschaft einer Familie über ein bestimmtes Gebiet bezeichnet, wobei die Familie nicht unbedingt einem Adelsgeschlecht angehören musste. In Padua herrschten die Familien Ezzelini und da Carrara, in Mailand die Familien Della Torre, Visconti und Sforza, in Mantua die Familien Bonacolsi und Gonzaga und in Verona die Familien Ezzelini und Della Scala. Bekannt wurde die Signoria vor allem durch das Haus der Medici (Florenz), die Estensi (Modena, Sassuolo, Carpi und Reggio Emilia) und die Petrucci (Siena). In Venedig wurde die herzogliche Regierung ab 1423 als **Serenissima** bezeichnet.

Die nördliche Altstadt

Die schmucke Altstadt Paduas kann komplett zu Fuß erobert werden. Alle Sehenswürdigkeiten liegen eng beieinander und man kann das gesamte Zentrum vom nördlich gelegenen Hauptbahnhof nach Süden zum Prato della Valle oder vom westlich gelegenen Castello Carrarese nach Osten zur monumentalen Bastion des Portello Nuovo in max. 30 Min. durchqueren.

Bei einem Spaziergang fallen die zahlreichen weitläufigen **Portiken** aus dem Mittelalter und der nachfolgenden Renaissance auf. Schmucke größere Wohnhäuser mit herrlichen Loggien, die sogenannten **Palazzi,** schmiegen sich nicht selten an moderne Kolosse. **Bemalte Fassaden,** die auch ab und an mit Reliefs versehen sind, zieren Geschäfte jeglicher Art und neben urigen Cafés finden sich die neuesten Kreationen aktueller Designer. Bäckereien stehen neben Kunstgalerien, das prunkvolle Inventar der Juweliere glitzert schon von Weitem neben dem Laden eines Trödelhändlers. Padua ist bei näherem Hinsehen eine Stadt der Gegensätze, die vor allem in der Altstadt sichtbar werden. Imposante Sehenswürdigkeiten wie die **Basilica di Sant'Antonio** (28), die jährlich Scharen von Touristen anziehen, stehen neben unscheinbaren Gebäuden wie dem **Oratorio di San Giorgio** (30), die sich letztlich als verborgene Kunstperlen entpuppen. Wer Padua besucht, sollte mit offenen Augen durch die Stadt gehen. Hinter jeder noch so unscheinbaren Pforte können sich kleine Schätze verbergen, so z. B. im **Convento di San Francesco** (33) oder der **Chiesa di San Gaetano** (35).

Besucher, die mit der Bahn anreisen, landen automatisch in der **nörd-**

lichen Altstadt. Vom Hauptbahnhof aus erreicht man nach rund 800 m gen Süden eine der schönsten und wichtigsten Kapellen Italiens, die **Cappella degli Scrovegni** 2, auch Arenakapelle genannt. Durch die komplette bildliche Ausschmückung von Giotto di Bondone, genannt Giotto, ist sie zu einem Meisterwerk der Kunstgeschichte geworden. Die Kapelle steht in einem kleinen Park, in dem auch die wenigen Reste der **römischen Arena** und die beeindruckende **Chiesa degli Eremitani** 3 ihren Platz haben.

Nur wenige Schritte entfernt befinden sich die **Ponte** und die **Porta Molino** 7 sowie das **Monumento Memoria e Luce** 5, das an die Zerstörung der Zwillingstürme des World Trade Center in New York am 11. September 2001 erinnern soll. Unweit davon ziert die **Basilica e Scoletta del Carmine** 6 das lebhafte nördliche Zentrum, das zudem interessanteste **Museen** bereithält. Im **Palazzo Cavalli** 4, der zu den schönsten ausgeschmückten Palazzi Paduas gehört, befinden sich gleich vier naturwissenschaftliche Museen (s. S. 22). In den wenige Schritte entfernten **Musei Civici agli Eremitani** 3 kommen vor allem Archäologie- und Geschichtsliebhaber auf ihre Kosten.

Die nördliche Altstadt ist mehrheitlich von modernen Gebäuden geprägt, die meist Sitz von Geschäften, Dienstleistern und Unternehmen ist. Bauten aus den 1960er- bis 1980er-Jahren, die typische Stilelemente ihrer Zeit aufweisen, begrenzen zum Teil mehrspurige Straßen. Den größten Kontrast stellt jedoch der **Tempio della Pace** 1 dar, eine neoromanische Ruhestätte aus dem Jahr 1920 für 5401 Kriegsopfer, die sich nahe des lebhaften Hauptbahnhofs befindet.

1 Tempio della Pace ★ [E1]

Der im **neoromanischen Stil** erbaute imposante Tempio Antoniano della Pace e dei Caduti in Guerra, auch als Tempio della Pace oder Chiesa del Santissimo Nome di Gesù bekannt, befindet sich unweit des Hauptbahnhofs neben dem Gerichtsgebäude. Der erste Stein des Gebäudes wurde am 9. Mai 1920 nach Plänen von Antonio Zanivan gesetzt, nachdem die Padovani während des Ersten Weltkriegs dem heiligen Antonius ein Gelübde abgegeben hatten. Sie versprachen, ihm zu Ehren einen **Votivtempel** zu errichten, wenn Padua doch von einer schrecklichen Verwüstung verschont bleiben würde. Der Erste Weltkrieg verging und die Bevölkerung Paduas löste ihr Versprechen ein. Allerdings wurden die Bauarbeiten bald eingestellt, denn der Staat, der die Finanzierung übernommen hatte, erlaubte einen Weiterbau nur, wenn die **gefallenen Soldaten,** die auf den Friedhöfen von Padua begraben lagen, in die Kirche umgebettet würden. Insbesondere handelte es sich um Soldaten, die an der Front verletzt oder krank wurden und in den Feldkrankenhäusern von Padua verstarben. Nach der Fertigstellung des Tempio della Pace fanden am 20. Juni 1934 schließlich 5401 von ihnen im Tempel ihre letzte Ruhestätte.

Während des Zweiten Weltkriegs wurde die Kirche an ihrer linken Seite von einer Bombe getroffen, was zu erheblichen Strukturschäden führte. Sie wurde in den Nachkriegsjahren bis zum 19. März 1949 wieder vollständig aufgebaut und für den Gottesdienst zugänglich gemacht. Ab dem 8. Mai 1960 wurden 989 Opfer des Zweiten Weltkriegs in das Atrium der Kirche umgebettet.

Der Tempio della Pace besteht aus **drei Teilen:** dem quadratischen Hauptgebäude, dem angefügten kleineren, rechteckigen Gebäude gegenüber dem westlich gelegenen Haupteingang und einer halbrunden Apsis. Ein durchgehender Korridor führt durch den gesamten Kirchenkomplex, in dem links und rechts des Korridors die Gebeine der Verstorbenen deckenhoch in nummerierten Fächern untergebracht sind.

Äußerlich besteht der ansprechende Komplex überwiegend aus **rotem Backstein mit weißen Marmorverzierungen.** Der imposant wirkende **Haupteingang** besteht aus einem Vorbau mit einem durchbrochenen Lünettenfenster, über dem die gewaltige Fassade mit einem halbrunden Schmuckelement und fünf schmalen Fenstern beeindruckt. An den Ecken des Hauptgebäudes ist jeweils ein **Glockenturm** ange-

Wichtige Architektur- und Malereibegriffe

- **Apsis:** meist halbkreisförmiger oder polygonaler, an den Hauptraum angrenzender Raumteil antiker Basiliken, der zumeist von einer Halbkuppel überwölbt wird
- **Arkade:** Bogengang, der von Pfeilern oder Säulen getragen wird
- **Arkosolium:** bogenförmige Grabform in Katakomben oder Felsen im Frühchristentum; in Kirchen Grab in einer Bogennische in der Wand
- **Atrium:** rechteckiger Innenraum in der römischen Architektur, im Kirchenbau auch als vorgelagerter Arkadenhof bezeichnet
- **Attika:** auf dem Gesims eines Gebäudes befindlicher Aufsatz
- **Bifore:** auch Biforium oder, im maurischen Stil angelegt, Ajimez genannt, Zwillingsfenster
- **Blendarkaden:** mehrere Blindbögen nebeneinander
- **Blindbogen oder Blendbogen:** typisches Architekturmerkmal der Romanik, Bögen an einer Wand, durch die man nicht hindurchgehen kann
- **Camaieu:** monochrome Malerei
- **Epitaph:** Grab- bzw. Gedenkinschrift an Wand oder Pfeiler
- **Grisaille:** Malerei in Weiß, Grau, Schwarz
- **Groteske:** bizarre, exotische Ornamentform der Kunst in der Renaissance
- **Lisene:** Mauerblende, die leicht vertikal hervortritt
- **Loggia:** Raum, der sich mittels Bögen nach außen öffnet, aber noch innerhalb der Bauflucht liegt, Beispiel: Palazzo della Ragione 16
- **Lünette:** halbkreisförmig gerahmtes Wandfeld
- **Narthex:** schmale Vorhalle, insbesondere an Basiliken
- **Palazzo:** Gebäude in großen, schlossähnlichen Dimensionen, Beispiel: Palazzo della Ragione 16
- **Pilaster:** Wandpfeiler mit oder ohne statische Aufgaben
- **Portikus:** ähnlich einer Loggia, nur tritt der Portikus aus der Kubatur, der Gestalt des Bauwerks, heraus und besteht in der Regel aus einem Säulengang, Beispiel: Chiesa di San Francesco 33
- **Tambour:** Zwischenglied als Mauer zwischen Pendentif (Teilgewölbe) und Kuppel
- **Tiburio:** Ummantelung einer Kuppelwölbung
- **Tondo:** rundes Bildwerk
- **Trompe-l'œil:** Illusionsmalerei
- **Tympanon:** Schmuckfläche im Dreieck von Giebeln oder von Portalen
- **Vierung:** Platz in einer Kirche, wo sich Quer- und Hauptschiff kreuzen

bracht, der von einer kleinen Kuppel bedeckt ist, die in einem aufgesetzten Kreuz gipfelt. Der höchste Abschluss des Hauptgebäudes bildet das große, achteckige **Kuppeldach** mit Kreuz. Das angrenzende rechteckige Gebäude ist von einem **Kreuzgewölbe** bedeckt. Die beiden Kapellen, die sich an den Seiten des Gebäudes befinden, sind dem heiligen Antonius von Padua (rechte Kapelle) und der Madonna (linke Kapelle) gewidmet.

Bemerkenswert sind die **Statuen „Gesù in croce tra Maria e Giovanni evangelista“** des paduanischen Bildhauers **Luigi Strazzabosco,** die den marmornen Altar überragen. Das **Presbyterium** (Altarraum) nimmt die gesamte Apsis ein. Es wird von einem Hochaltar, einer marmornen Skulpturengruppe und an den Seiten, jeweils in einer Nische, von Holzstatuen geprägt, die den heiligen Karl Borromäus (rechts) und den heiligen Josef von Nazareth (links) zeigen.

› Via Niccolò Tommaseo, 47, Tel. 0498752330, www.tempiodellapace.it, geöffnet: tgl. 8–19 Uhr, Eintritt: frei

2 Cappella degli Scrovegni ★★★ [D2]

In der Nähe der Chiesa degli Eremitani 3 und rund 800 m südlich des Hauptbahnhofs befindet sich mit der Scrovegni-Kapelle ein **Meisterwerk der frühen italienischen Renaissance** (Rinascimento). Sie beherbergt einen der berühmtesten Freskenzyklen von **Giotto di Bondone** (1267–1337) und wurde 2006 in die UNESCO-Weltkulturerbeliste aufgenommen.

1300 kaufte der Bankier Enrico Scrovegni ein an der nördlichen Stadtmauer gelegenes Grundstück zwischen der Eremitani-Kirche und der antiken römischen Arena, um einen Palast für seine Familie und eine der heiligen Jungfrau Maria geweihte Kapelle zu bauen. Sie sollte als Fürbitte für die Seele seines verstorbenen Vaters dienen, einem Wucherer, den Dante Alighieri in seiner „Göttlichen Komödie“ im siebzehnten Gesang in die Hölle verbannte. 1305 war die Ausschmückung der Kapelle mit den Fresken nahezu fertiggestellt. Scrovegni lieh sich für die fei-

007pa-sm

erliche Weihe liturgische Gewänder vom Domkapitel der Basilika San Marco in Venedig aus.

Vermutet wird, dass Giotto auch der Architekt der Kapelle war, denn das Innere ist dazu ausgelegt, einen geschlossenen Freskenzyklus über die gesamten Innenwände aufzunehmen. Das Gebäude, dessen **Kirchenschiff** 20,88 lang, 8,41 m breit und 12,65 m hoch ist, wurde quasi dekorationslos aus **unverputzten Ziegelsteinen** errichtet. Die Fassade weist einige entlang dem Giebel verlaufende Schmuckbögen aus gebranntem Ton auf. Das große, dreibogige Fenster an der Fassade liefert zusammen mit den rechtsseitigen hohen Fenstern und den Fenstern in der kleinen Apsis die Hauptlichtquelle. Die **Pfeiler**, die das Dach stützen, wurden nach außen verlegt, um die Malereien im Inneren nicht zu beeinträchtigen, dadurch wirkt die Kapelle mit Tonnengewölbe und einer kleinen Apsis hinter dem Altar wie ein einziger Raum. Unmittelbar an den Wänden sind Holzbänke platziert.

Der **Palast des Scrovegni**, der einige Male seine Besitzer wechselte und stark modifiziert wurde, wurde 1827 abgerissen, nachdem er teilweise eingestürzt war. Die Kapelle hingegen blieb fast ursprünglich so erhalten, wie sie errichtet wurde. Lediglich Restaurierungsarbeiten an den Fresken wurden von Zeit zu Zeit vorgenommen. Der **Freskenzyklus des Giotto** greift das Thema des menschlichen Heilswegs im Mittelalter auf. Die Gewölbedecke ist mit einem herrlichen tiefblauen Sternenhimmel bedeckt, von dem aus von Kreisen eingerahmte Figuren herabblicken. Ob die Fresken in der Apsis und im Chorraum von Giotto angebracht wurden, ist unklar. Er schmückte aber die Gewölbedecke, die Seitenwände, die Eingangswand und den Bogen mit insgesamt 38 farbintensiven Szenen aus. 16 Szenen befinden sich auf der rechten Wandseite, 18 auf der linken fensterlosen Wand und vier auf dem Triumphbogen. Der Triumphbogen hat eine besondere Bedeutung. Er stellt den Übergang zwischen beiden Seitenwänden und von den oberen zu den unteren Szenen dar. Beginnend beim Gottesvater im Zentrum des Triumphbogens zieht sich der Freskenzyklus zur rechten und dann zur linken Wand und dann wieder über den Triumphbogen zur rechten Wand. Zum Schluss sind in Augenhöhe des Betrachters die Laster und die Tugenden der Menschheit als Gegensatzpaare in Grisaille angebracht, wirken aber wie Marmor, eine von Giottos zahlreichen Neuerungen. Darunter ist auch die Vortäuschung von Nischen (Trompe-l'œil), die in der Scrovegni-Kapelle hervorragend ausgearbeitet wurden. Abschließend sollte der Betrachter einen Blick auf das Jüngste Gericht werfen, welches sich auf der Ausgangswand befindet.

› Piazza Eremitani, 8, www.cappelladegliscrovegni.it, geöffnet: tgl. 9–19 Uhr, Eintritt: 15 €, ermäßigt 11 €. Die Tickets sind im Eremitani-Museum 3 erhältlich, eine Online-Reservierung ist bis spätestens 24 Stunden vorher möglich und empfehlenswert.

[<] *Giottos Meisterwerk verschlägt einem schon beim Eintritt in die Scrovegni-Kapelle den Atem*

Die Szenen der Scrovegni-Kapelle

Die farbintensiven Szenen der Scrovegni-Kapelle sind beeindruckend. Über dem Eingang thront das Jüngste Gericht. Gegenüber ist die erste Szene am Triumphbogen zu erkennen. Von dort aus geht es dann nach rechts im Szenenverlauf weiter.

Triumphbogen
1. Der Herrgott beauftragt den Erzengel Gabriel mit der Verkündung Marias

Rechte Wand oben
2. Ausweisung Joachims aus der Taufkapelle
3. Rückzug Joachims zu den Hirten
4. Verkündung der heiligen Anna (Dimensionen des Gebäudes für Figuren zu klein)
5. Opfergabe Joachims
6. Traum von Joachim
7. Begegnung am Goldenen Tor (der erste romantische Kuss der Geschichte)

Linke Wand oben
8. Geburt der Jungfrau Maria
9. Marias Vorstellung im Tempel
10. Vorbereitung des Staborakels
11. Gebet der Freier
12. Hochzeit der Jungfrau Maria
13. Hochzeitszug Marias

Triumphbogen
14. Verkündung
15. Verkündung
16. Heimsuchung

Rechte Wand Mitte
17. Christi Geburt
18. Anbetung der Könige
19. Einführung Christi in den Tempel
20. Flucht nach Ägypten
21. Kindermord in Bethlehem (die einzige Szene, in der sich die architektonischen Elemente verdoppeln)

Linke Wand Mitte
22. Christus mit den Schriftgelehrten (erstmals wurde in Italien malerisch eine Szene dargestellt, die komplett im Inneren eines Raumes stattfindet)
23. Taufe Christi (wahrscheinlich um die Nacktheit Christi zu verbergen, wurde der Wasserspiegel höher als möglich gezogen)
24. Hochzeit zu Kana
25. Auferstehung des Lazarus
26. Einzug nach Jerusalem
27. Vertreibung der Händler

Triumphbogen
28. Judas' Verrat (seltene Darstellung mit Münzen in der Hand als Symbol des Verrats)

Rechte Wand unten
29. Letztes Abendmahl
30. Fußwaschung
31. Kuss des Judas
32. Christus vor Kaiphas
33. Auspeitschung

Linke Wand unten
34. Gang zum Kalvarienberg
35. Kreuzigung
36. Beweinung Christi (erste gemalte Tränen in der Kunstgeschichte)
37. Auferstehung Christi
38. Christi Himmelfahrt
39. Pfingsten

Eingangs- bzw. Ausgangswand
40. Jüngstes Gericht (Engel an den Ecken stellen das Irdische, das Endende dar, in dem sie den Nachthimmel aufrollen)

Rechte Wand unterste Reihe
41a–41g Tugenden: Weisheit, Tapferkeit, Maß, Gerechtigkeit, Glaube, Barmherzigkeit, Hoffnung

Linke Wand unterste Reihe
42a–42g Laster: Verzweiflung, Missgunst, Aberglaube, Ungerechtigkeit, Jähzorn, Wankelmut, Torheit

3 Chiesa degli Eremitani und Musei Civici agli Eremitani ★★ [D3]

Die 1276 auf antiken Strukturen errichtete und 1306 mit einer hölzernen Deckenkonstruktion fertiggestellte **Chiesa degli Eremitani** befindet sich nur wenige Schritte von der bekannten Cappella degli Scrovegni 2 entfernt.

Die von außen eher schlicht gestaltete Kirche hätte ebenfalls eines der Beispiele meisterhafter **Freskenmalerei** werden können, doch am 11. März 1944 fiel sie einem **Luftangriff** zum Opfer, bei dem ganze Freskenzyklen von **Andrea Mantegna** (s. S. 21) und **Altichiero da Zevio** (ca. 1330–1390) in der Apsis, der Dotto-Kapelle und der Ovetari-Kapelle vernichtet wurden. Ein kleiner Teil der Fresken von Mantegna in der Ovetari-Kapelle sind allerdings erhalten geblieben.

Die Kirche trägt den Namen ihres Baumeisters, **Fra Giovanni degli Eremitani**, der auch das Kastengewölbe des Palazzo della Ragione 16 errichtete, ist jedoch den Heiligen Philippus und Jakobus gewidmet. Die einfach gehaltene Kirche besitzt als typisches Beispiel eines Gebäudes des Augustinerordens einen **rechteckigen Grundriss**, der auch *granaio* (Getreidespeicher) genannt wird. Daran fügen sich Seitenkapellen, die Apsis und der Seiteneingang an. Auch wenn die Kirche zwischen dem 14. und 17. Jahrhundert und nach dem Zweiten Weltkrieg einige Veränderungen erfahren hat, kann man doch den Charme der Klosterkirchen aus dem 14. Jahrhundert erkennen.

Die **Fassade** aus dem Jahr 1360 ist horizontal zweigeteilt. Sie wird im oberen Segment durch vier kleine Fenster, ein großes Rosettenfenster und Lisenen unterbrochen und schließt mit einem Satteldach und einem mit hängenden Bögen verzierten Giebel ab. Die sich im unteren zweiten Teil befindliche Pseudo-Steinloggia besteht aus vier weißen Blindbögen und einem Portal, ein typisches Merkmal der damaligen paduanischen Architektur. Ebenso wurde an der Südfassade verfahren. Die Pfeiler des Seiteneingangs schmücken zwölf aus dem Jahr 1442 stammende **Monatsallegorien von Niccolò Baroncelli**, weshalb der Eingang auch als „Tür der Monate“ bezeichnet wird.

Das **Innere** der Kirche besteht aus einem langen, mit seiner Größe beeindruckenden Schiff mit stufenweise abfallender, hölzerner Spitzgewölbedecke. Das **Presbyterium**, die sich rechts befindende **Dotto-Kapelle** und die sich links befindende **Sanguinacci-Kapelle** wurden mit einer Holzdecke versehen. Die Wände wurden hingegen abwechselnd mit ockerfarbenen und roten Backsteinen im Streifendesign ausgekleidet, das sich farblich hervorragend von der braunen Holzdecke abzeichnet.

Faszinierend sind die **Malereien**, die vornehmlich in den Kapellen zu sehen sind. Die sich rechts befindende **Ovetari-Kapelle** wurde von Antonio Ovetari erbaut. Seine Frau Imperatrice Ovetari beauftragte nach seinem Tod Antonio Vivarini, Niccolò Pizzolo, Ansuino da Forlì und den damals erst siebzehnjährigen Andrea Mantegna, einen Schüler des paduanischen Malers Francesco Squarcione, damit, die Kapelle mit Fresken auszustatten. Durch die Bombardierung 1944 sind heute nur noch die beiden unteren bemalten Tafeln der rechten Wand erhalten. Zu sehen sind die Himmelfahrt und das Martyrium des heiligen Christophorus.

008pa-sm

Die **Dotto-Kapelle** war ursprünglich reich mit Fresken versehen – unter anderem von Altichiero aus dem Jahr 1372 –, wurde aber 1944 zerstört. Noch sehr gut erhalten sind dagegen die herrlichen Malereien von Guariento di Arpo (1310–1370) aus den Jahren von 1361 bis 1365 in der **Cappella Maggiore.** Links sind die Geschichten der Heiligen Filippo und Agostino dargestellt, aber auch die Planeten und Teile der Menschheitsgeschichte. Interessant ist, dass Guariento in der Darstellung seiner Figuren und der Architektur an Giotto anknüpft. Er versuchte, sich an Giotto anzulehnen und die dreidimensionale Freskenmalerei auszuführen, was ihm auch teilweise gelang. Trotzdem ist schön zu beobachten, dass auch 100 Jahre nach dem Ableben Giottos, der die dreidimensionale Malerei und den Trompe-l'œil-Stil in den herrlichsten Formen ausführte, immer noch die zweidimensionale Freskenmalerei vorherrschte.

In den anderen Kapellen der Eremitani-Kirche können noch weitere zweidimensionale Freskenzyklen bestaunt werden, z. B. in der **Sanguinacci-Kapelle** mit Malereien aus dem Jahr 1373 von Giusto de' Menabuoi. In der Kapelle ist zudem der **Sarkophag von Ilario Sanguinacci** zu bestaunen, der zu den erfolgreichsten Werken des Bildhauers Paolo Jacobello aus dem 14. Jahrhundert gehört. Die Familie Sanguinacci hatte jahrhundertelang die Schirmherrschaft über die Kapelle. Das in der **Cappella Maggiore** befindliche bemalte Kreuz hinter dem Altar wurde vom Venezianer Nicoletto Semitecolo 1367 erschaffen. In der **Sakristei** werden heute noch wichtige Kunstwerke, darunter ein Fresko von Altichiero, aufbewahrt.

Die Chiesa degli Eremitani ❸ *besticht durch ihre imposante Innenarchitektur mit Streifendesign*

Die **Musei Civici agli Eremitani** mit ihrer enormen Größe von 5285 m² und achtzehn Räumen befinden sich im ehemaligen Kloster der Eremitani und gehören zu den wichtigsten Museen Paduas. Im Erdgeschoss des Gebäudekomplexes befinden sich die Sammlungen des **Archäologisches Museums**, das Funde aus Padua und Umgebung von der prähistorischen bis zur römischen Zeit (die ersten zehn bis vierzehn Räume), eine Sammlung ägyptischer Objekte, die ab dem 19. Jahrhundert in das Museum gebracht wurden, darunter ein bemalter Sarkophag, zwei große Statuen der Sechmet (Göttin), kleinere Gefäße und Uschebtis (kleine Figuren), und etruskische, griechische sowie italienische Ausstellungsstücke zeigt. Im ersten Stock befindet sich die Ausstellung zur **mittelalterlichen und modernen Kunst**, die vorwiegend Gemälde zeigt. Die **Pinakothek** im ersten Stock zeigt Werke von bedeutenden italienischen Künstlern.

Zugehörig ist das **Museo di Arti applicate e decorative** (s. S. 81) im nahen Palazzo Zuckermann, ein Museum für mittelalterliche und moderne angewandte Kunst. Zudem befindet sich das **Museo Bottacin** (s. S. 80) im Palazzo, das eine Münz- und Medaillensammlung zeigt. Aktuell umfasst das Museum etwa 60.000 Ausstellungsstücke und beherbergt die Kunst- und Münzsammlung des wohlhabenden Kaufmanns Nicola Bottacin.

› Musei Civici agli Eremitani, Piazza Eremitani, 8, http://padovacultura.padovanet.it/it/musei, Tel. 0498204513, geöffnet: Di–So (außer an Feiertagen) 9–19 Uhr, Kombiticket Musei Civici agli Eremitani, Sala Multimediale (Via Annia) und Palazzo Zuckermann: 11 €

KURZ & KNAPP

Andrea Mantegna

› **Geboren:** 1431 in Biagio auf der Isola di Carturo bei Piazzola sul Brenta, Provinz Padua
› **Gestorben:** 13.9.1506 in Mantua
› **Zeitepoche:** Frührenaissance
› **Beruf:** Maler und Kupferstecher
› **Charakteristisches:** gilt als einer der bedeutendsten Maler der Frührenaissance in Norditalien. Perspektivmalung mit klaren, teilweise übertriebenen Linien, Figuren sind ähnlich Statuen gemalt. In Padua erstmals 1441 als Adoptivsohn von Squarcione erwähnt, Liebe zu Antikem und vergangenen Epochen, was in seinen Werken Ausdruck fand, z. B. in biblischen Gemälden in Grisaille ab 1495.

4 Palazzo Cavalli ★ [D2]

Die Palazzo Cavalli in der Nähe der Scrovegni-Kapelle ist schon aufgrund seiner Freskenbemalung und Ausschmückung eine Besichtigung wert, doch er beherbergt auch gleich noch vier sehenswerte Museen.

Seinen Namen verdankt der Palazzo der **Familie Cavalli**, die dort fast 300 Jahre lebte. Die Freskenzyklen, die heute in den Räumlichkeiten zu sehen sind, wurden von Federico Cavalli und seiner Frau Elisabetta Duodo in Auftrag gegeben. Die Fresken im Erdgeschoss, angefangen von Ovids Metamorphosen im Atrium über römische Geschichten in der „Sala dei Telamoni“ und biblischen Szenen in der „Sala del caminetto“ bis zu Jagdszenen in der „Sala della Caccia“, werden dem paduanischen Maler **Michele Primon** zugeschrieben. Die dekorative Treppe, die in die oberen Zimmer führt, ist hingegen das Werk der Bologneser Künstler **Antonio Felice Ferrari** und **Giacomo Parolini.** Die Ausschmückung der Empfangshalle aus dem 18. Jahrhundert stammt vom französischen Maler **Louis Dorigny,** der mythologische Motive auf Tafeln bannte.

Im **Museo di Mineralogia** können Edelstein- und Mineralienliebhaber auf rund 270 m² etwa 18.000 Ausstellungsstücke aus Afrika, Asien und Europa besichtigen. Für Interessierte, die mehr über die Verarbeitung von Mineralien erfahren möchten, werden auch Führungen angeboten. Das **Museo di Zoologia** zeigt in mehreren Räumen ausgestopfte Tiere unterschiedlicher Gattung. Zudem werden Informationen, z. B. zur Ernährung und zum Lebensraum gegeben. Ebenfalls eines Blickes wert ist das **Museo di Antropologia**, das einen umfassenden Einblick in die Menschheitsgeschichte, ihrer Entwicklung und die unterschiedlichen Völker gibt. Besonders interessant sind die kulturellen und religiösen Gegenstände wie Masken, Vasen, Schmuck und Puppen. Das **Museo di Geologia e Paleontologia** führt den Besucher in die Welt der Erdgeschichte ein. Es werden zahlreiche prähistorische Pflanzen- und Tierarten vorgestellt. Besonders bei Kindern beliebt sind die Skelette von Saurierarten.

› Via Matteotti, 30, Tel. 0498272006, www.musei.unipd.it, Öffnungszeiten und Preise: s. Website

5 Monumento Memoria e Luce ★ [D2]

Etwa 300 m südlich des Hauptbahnhofs und 200 m nördlich der Scrovegni-Kapelle 2 befindet sich das Monumento Memoria e Luce, das von dem berühmten, in Amerika lebenden polnisch-stämmigen Architekten **Daniel Libeskind** in Erinnerung an die **Opfer der Attentate auf das New Yorker World Trade Center** am 11. September 2001 geschaffen wurde. Die Enthüllung fand am 11. September 2005 statt.

Das Monumento Memoria e Luce erinnert an die Attentate in den USA am 11. September 2001

009pa-sm

Das 17 m hohe Monument besteht aus Glas und Stahl und ist einem überdimensionalen Buch nachempfunden. Herzstück ist das verbogene **Stück eines Balkens des World Trade Center,** das schräg in einer der beiden jeweils 50 m langen Milchglaswände integriert wurde. Abends ist das Denkmal beleuchtet und ist dann besonders eindrucksvoll.

Der **Gedenkplatz** wurde mit großer Sorgfalt gewählt. An dieser Stelle fließt der Tronco Maestro (Hauptarm) des Bacchiglione mit dem Canale del Piovego zusammen, wo es in venezianischer Zeit (697–1797) ein Schleusensystem aus dem 13. Jh. ermöglichte, Waren über den antiken Hafen *(il Portello)* in das Stadtinnere und nach Venedig zu transportieren. Im Zweiten Weltkrieg wurde das Gebiet schwer bombardiert und danach wieder allmählich aufgebaut. Das Monument soll den Frieden, die Freiheit und das Zusammenleben verkörpern. Dabei sind das Milchglas und die Höhe des Monuments Symbole für Zweifel, für Unüberwindbares, die Beleuchtung hingegen steht für Hoffnung und ein Zueinanderfinden.

› Via Giotto, 15

6 Basilica e Scoletta del Carmine ★ [C2]

Die 1960 unter Papst Giovanni XXIII. zur Basilica minore erhobene Basilica del Carmine wurde 1495 vom Architekten Lorenzo da Bologna und unter Mithilfe von Pietro Antonio degli Abbati geplant und realisiert. Sie entstand auf den Resten einer antiken Kirche und eines angrenzenden Klosters der Mönche des Ordens Santa Maria del Carmine aus dem Jahr 1309 (Erstweihung 1446), wurde im Laufe der Jahrhunderte mehrmals umgebaut und erst im 18. Jh. mit der heutigen Fassade fertiggestellt. Einige in der Basilika befindliche Gemälde aus dem 17. Jh. zeigen, dass ursprünglich eine Loggia als Fassade vorgesehen war.

1491 und 1695 zerstörten Erdbeben das **Dach** der Basilika, 1800 kam es bei der Feier zu Ehren des neuen Papstes zu einem Feuer der **Kuppel**, bei dem sie vollkommen zerstört wurde. 1917 brannte sie durch eine Bombe aus und wurde im Zweiten Weltkrieg erneut beschädigt, allerdings immer wieder aufgebaut.

Die schwere, aus Holz gefertigte **Haupteingangstür** wurde 1412 mit einem schönen Fliesendekor und Akanthusblättern als Ornamente fertiggestellt. Über dem Eingang thronen drei von Tommaso Bonazza im Jahr 1737 kreierten, anmutigen Statuen: Hoffnung, Glaube und die Madonna mit Kind. An den äußeren Seitenwänden finden sich jeweils **sechs Kapellen**, die ursprünglich vom Architekten Filippo Brunelleschi für die Santo-Spirito-Kirche in Florenz vorgesehen waren, nach seinem Tod aber nicht mehr realisiert wurden. Die Kapellen in Padua wurden von Lorenzo da Bologna degli Abati im Rahmen des Wiederaufbaus der Kirche 1495 angebaut, nachdem das Gotteshaus durch ein Unwetter 1491 schwer beschädigt worden war. Das Konzept der Kapellen gilt als wegweisend für die Renaissance-Architektur im venezianischen Gebiet. 1523 beendete Biagio Bigoio die Arbeiten.

Das **Innere** der Kirche besteht aus einem langen, durch große Bögen geteilten Hauptschiff mit gewölbtem Dach, Seitennischen, einer prachtvoll mit Fresken geschmückten Apsis, einem Hochaltar und einer großen Kuppel, die Lorenzo da Bologna und Pietro Antonio degli Abati aus Holz mit einer Bleibeschichtung errichteten. Der **Hochaltar** ist über einige kleine Stufen zugänglich und von einem Bild der Jungfrau mit Kind von Stefano dall'Arzere geschmückt. Das Relief, das sich auf dem vorderen Teil des Altars auf dem Paneel befindet, stammt aus dem 18. Jahrhundert. Es zeigt das letzte Abendmahl.

Die 12 Kapellen sind mit Fresken und Bildern von renommierten Malern unterschiedlicher Epochen und mit Altären geschmückt. An der Ostseite (rechte Seite vom Eingang) befindet sich u. a. der Barockaltar der Seelen aus dem Fegefeuer (Purgatorio) mit Skulpturen aus dem 17. Jh. Auf der Westseite befinden sich das Taufbecken, hinter dem das Werk „Johannes der Täufer" von Luigi Strazzabosco zu bewundern ist, ein Altar von Giovanni Gloria, ein aus dem 18. Jh. stammender Altar mit dem Werk „Madonna dei Carmini", das Bild „Santa Croce", ein aus dem 16. Jh. stammender Altar von Bartolomeo Dindini und Statuen von Marc Antonio de' Sordi. Ebenfalls auf der Westseite gelangt man zur Kapelle der Madonna dei Carmini, des heiligen Antonius mit dem Wappen der Familie de Lazzara und zur Kapelle zum heiligen Valentin.

Die **Apsis** ist an Wänden und Decken reich mit Fresken aus dem 17. Jh. geschmückt, die Szenen aus dem Alten Testament wiedergeben. Wer aus der Basilika hinaustritt, sieht links die alte **Scoletta del Carmine** aus dem Jahr 1367, Sitz der Fraglia (Zusammenschluss) della Beata Vergine del Carmelo. Im Inneren finden sich Fresken von Giulio Campagnola, Domenico Campagnola, Girolamo Tessari und Stefano dall'Arzare.

› Piazza Petrarca, 1, www.carminepd.it, geöffnet: tgl. 8–19 Uhr, Eintritt: frei

Das verschwundene Borgo Santa Lucia

Zwischen der Porta Molino 7 und der heutigen Via Santa Lucia befand sich mit dem Borgo Santa Lucia eines der bedeutendsten mittelalterlichen Gebiete Paduas. In dem Gewirr aus kleinen Häusern wohnten unter anderem Andrea Mantegna (s. S. 21) und der Astronom und Mediziner Pietro d'Abano. Bis zur Zeit des Nationalsozialismus verfügten die meisten Häuser über einen Hinterhof mit Springbrunnen, doch die Gebäude wurden später überwiegend durch Straßen, Bankgebäude und Parkplätze ersetzt, sodass heutzutage so gut wie nichts mehr vom einstigen Viertel zu spüren ist. Das Borgo war bis zur Verabschiedung des Merlin-Gesetzes 1958 (Gesetz zur Regulierung der Prostitution in Italien, wobei u. a. Bordelle geschlossen wurden) auch bekannt für seine blühende Prostitution.

7 Porta und Ponte Molino ★ [C3]

Die **Porta Molino** ist eines von ursprünglich 19 mittelalterlichen Stadttoren und Durchgängen Paduas. Außer ihr ist nur noch die im Jahr 1286 errichtete Porta Altinate erhalten. Die Porta Molino befindet sich etwa 1 km südlich des Hauptbahnhofs und etwa 650 m westlich der Cappella degli Scrovegni. Bis 1884 gab es in dem Gebiet um das Tor 33 Schiffsmühlen, weshalb sich die Bezeichnung Molino (Mühle) etablierte.

Über die römische, ca. 40 bis 30 v. Chr. erbaute **Ponte Molino** mit ihren fünf Bögen und den an der Brückenseite angebrachten Löwenköpfen überquert man den Tronco Maestro, einen Arm des Flusses Bacchiglione. Direkt am Ende erhebt sich das mächtige 26 m hohe Stadttor, das im Mittelalter das wichtigste Paduas war. Das Tor mit seinem großen Rundbogen stammt aus dem 13. Jahrhundert und besteht komplett aus Stein. Die wichtigste Straße der Stadt, die heute Via Dante Alighieri heißt, führt vom Torre dell'Orologio 13 Richtung Norden über die Ponte Molino und durch das Stadttor bis zur Basilica del Carmine 6.

Es hält sich bis heute das hartnäckige Gerücht, dass Galileo Galilei von der Porta Molino aus die vier Satelliten des Jupiter, auch Galileische Monde genannt, gesehen haben soll, zumindest ist dies auf der an der Porta angebrachten Gedenktafel des Epigrafikers Carlo Leoni (1812–1874) zu lesen.

› Via Dante Alighieri und Via Ponte Molino, 13

In Padua findet man auch ruhige Orte

Die zentrale und die westliche Altstadt

Die zentrale und die westliche Altstadt gehören zweifelsohne zum Pflichtprogramm eines jeden Padua-Besuchers. Hier befinden sich **sehenswerte Palazzi**, das einstige jüdische **Ghetto** 18, die beeindruckend schöne und historisch wichtige **Basilica di Santa Maria Assunta** 11 und das nebenstehende **Battistero** 12, das durch den Freskenzyklus von Giusto de' Menabuoi zu einem Meisterwerk wurde. In der Nähe befinden sich die drei wohl bekanntesten Plätze der Stadt, die Piazza della Frutta, die Piazza delle Erbe und die Piazza dei Signori, auf denen gewaltige Palazzi mit herrlichen Loggien wie der **Palazzo della Ragione** 16 auf Besucher warten. Der **Torre dell'Orologio** 13, der eine der schönsten mechanischen Uhren Italiens trägt, ziert die Piazza dei Signori. Der **Palazzo del Bo** 17, der antike Universitätssitz Paduas, beeindruckt mit einer großen Fülle an Wappen, Siegeln, Reliefs und Gemälden.

010pa-sm

Das Stadtbild ist von einem schier endlosen Netz aus Gassen geprägt. In den **Arkaden** links und rechts finden sich zahlreiche **Geschäfte** und **Bars, Cafés** und **Restaurants** laden zum Verweilen ein. Ab und an kommt man an einer der zahlreichen versteckten kleinen Kirchen vorbei. Bei einem Blick nach oben erkennt man nicht selten den architektonischen Einfluss der Serenissima (s. S. 13), weisen doch viele Palazzi typische venezianische Architekturmerkmale auf.

Wenn man mit offenen Augen durch diese Gegend läuft, findet man auch so manche Kuriosität, z. B. den mit Spiegeln verkleideten **Palazzo degli Specchi** 10 oder die fehlende Säule des **Palazzo della Ragione** 16 auf der Piazza della Frutta, an dessen Eckpilaster zudem antike, in die Mauer eingeritzte Maßeinheiten der einstigen Marktverkäufer zu sehen sind. Dieser Bereich wurde auch „Canton dee busie" („Ecke der Lügen") genannt, da falsche Angaben durch die eingeritzten Maßeinheiten entlarvt werden konnten.

Das ehemalige jüdische **Ghetto** 18 Paduas bildet einen willkommenen Kontrast zu den belebten Einkaufsstraßen. In den hier befindlichen Antiquitäten- und Trödelhändlergeschäften wartet so manches Sammlerobjekt aus längst vergangenen Zeiten auf neue Besitzer.

8 Chiesa di San Benedetto Vecchio ★ [B3]

Der Bau der Kirche San Benedetto Vecchio wurde 1195 vom gebürtigen Padovaner **Giordano Forzatè** veranlasst. Am 31. August 1222 wurde das Gotteshaus geweiht. 1213 wurde Giordano Forzatè Prior des angrenzenden Klosters San Benedetto, wo er den Orden „l'Ordo monachorum alborum Sancti Benedicti de Padua" (Orden der Zisterzienser des heiligen Benedikt von Padua) gründete, der aus kleinen Gemeinschaften von Nonnen, Mönchen und Eremiten sowie Krankenhäusern bestand und als **Movimento degli albi** bekannt wurde.

Das Kloster war bis zum Tod des Priors im Jahr 1248 gleichermaßen für Männer und Frauen geöffnet. Nach dem Tod von Forzatè bauten die Mönche allerdings in der Nähe ein neues Kloster mit der Kirche San Benedetto Novello. Die Nonnen, die unter der Leitung einer Äbtissin standen, blieben im alten Kloster.

Von 1356 bis 1397 veranlasste die Äbtissin **Anna Buzzaccarini**, gleichzeitig Schwägerin des Fürsten von Padua, die reiche Ausschmückung des Klosters. 1612 wurde unter der Leitung der Äbtissin **Aurora da Camposampiero** das Presbyterium der Kirche, das bis dahin im Osten lag, nach Westen verlegt. Die Fassade rückte indes nach Osten. Neue Kunstwerke und Altäre hielten in den kommenden Jahren Einzug. 1810 wurde das Kloster unter der Kirchengesetzgebung Napoleons aufgehoben. Es erfolgte eine Umwandlung in eine **Artilleriekaserne**, wobei die Kirche San Benedetto Vecchio zu einer **Pfarrkirche** umfunktioniert wurde.

Zu Beginn des 20. Jh. erfolgten mehrere Restaurationsarbeiten in der Kirche. Während des Zweiten Weltkriegs wurde sie schwer getroffen und weitestgehend zerstört. Leider gingen dabei sehr schöne Kunstgegenstände und Gemälde verloren, darunter auch der sicherlich herrlich gestaltete Zyklus der Apokalypse von Giusto de' Menabuoi.

In den Nachkriegsjahren wurde San Benedetto Vecchio als Pfarrkirche neu aufgebaut. Sie untersteht heute der Diözese Padua. Der **Kirchhof** ist von Bäumen umringt. Die alte, ursprüngliche romanische Fassade kann man auf der Hinterseite der Kirche sehen, wo nun ein **Glockenturm** und einige Gebäude stehen und die Sicht ein wenig versperren. Aus den Resten des im Mittelalter erbauten konischen Glockenturms mit Biforen wurde der heutige noch sichtbare, mit einer zwiebelförmigen Kuppel gestaltete Tambour errichtet. Die helle **Fassade** besteht aus einem dreieckigen Giebelfeld, zwei übereinander angeordneten Säulenreihen, zwei Reliefs, die den heiligen Benedikt zeigen, und auf der Attika befindlichen Statuen der Schutzheiligen Paduas.

Wer durch die schwere, dunkelbraune Eingangstür tritt, steht in einer großen, dreischiffigen, terrakottafarbenen Kirche mit unverputzten Wänden, an deren Ende sich der bemerkenswerte monumentale **Hochaltar** des Presbyteriums befindet. Die drei Schiffe sind durch Säulen und Rundbögen voneinander getrennt, wobei die Blendarkaden mit den Wappenfarben der Stadt verziert sind. Die beiden Seitenschiffe sind von einem Kreuzrippengewölbe bedeckt. Das Mittelschiff hingegen mit einem Holzfachwerk.

Die romanisch-gotische Grundstruktur der Kirche wurde bei den Restaurierungsarbeiten gewahrt. Im rechten Nebenschiff befindet sich der Hochaltar mit den sterblichen Überresten des heiligen Giordano Forzatè und dem Bild „Der Heilige Giordano Forzatè" von Alessandro Varotari. Dahinter folgt eine Kapelle, die mit Fresken aus dem 18. Jh. und dem Bild „Christus mit Heiligen" von Domenico Tintoretto, dem Sohn des berühmten Jacopo Tintoretto, ausgestattet ist.

Der barocke, aus schwarz-weißem Marmor gefertigte **Hochaltar** wurde 1663 von Girolamo Galeazzo Veri entworfen. Durch seine überwiegend schwarzen Säulen, den hellen Säulenkapitellen und dem mit sieben marmornen Statuen von padovanischen und benediktinischen Heiligen geschmückten Spitzgiebel ist er ein ganz besonderes Schmuckstück. Die Heiligenfiguren stammen von Tommaso Allio, das Altarbild „Verwandlung" wurde von Alessandro Maganza geschaffen.

Unter den hölzernen, an den Seiten des Presbyteriums befindlichen Chorstühlen sind unter romanischen Bögen 14 **gotische Terrakottastatuen** zu sehen. Darüber sind drei Gemälde von Francesco Minorello und Alessandro Varotari angebracht. Das linke Seitenschiff wartet mit drei **barocken Altären mit Gemälden** auf. Das erste Altarbild mit dem Titel „Himmelfahrt des heiligen Benedikt" (Transito di San Benedetto) schuf Pietro Damini, die beiden anderen stammen von Luca da Reggio und Giulio Campagnola. Neben dem Haupteingang im Mittelschiff befindet sich ein **Taufbecken** und in unmittelbarer Nähe des Eingangs sind zudem schöne **Fresken** aus dem 13. bis 15. Jh. zu sehen.

› Riviera S. Benedetto, 36, geöffnet: zu den Messen, Eintritt: frei

9 Porta San Giovanni und Chiesa di San Giovanni Battista alle Navi ★★ [A4]

Die **Porta San Giovanni** war eine der Haupteingänge der mittelalterlichen Stadtmauer und ist heute noch fast unversehrt. Der beeindruckende Bau wurde vom Architekten Giovanni Maria Falconetto 1528 fertiggestellt. Den über dem Rundbogen an-

KURZ & KNAPP

Kuriositäten Paduas

Padua ist die **Stadt der „senza"** sprich „ohne".

- Der **Prato della Valle** 25 wurde zwar als Rasen (Prato) bezeichnet, wies jedoch bei seiner Entstehung und lange Zeit danach keinen Rasen auf.
- Die **Basilica di Sant'Antonio** 28 wird wegen ihrer Berühmtheit einfach nur „il Santo" genannt, ohne Nennung des Heiligen.
- Das **Caffè Pedrocchi** (s. S. 90) war von 1831 bis 1916 rund um die Uhr geöffnet. Es gab keine Schließzeiten.
- Auf der **Piazza della Frutta** fehlt am nordöstlichen Zipfel des **Palazzo della Ragione** 16 eine Säule. Diese wurde angeblich in einer Nacht-und-Nebel-Aktion gestohlen. Auf dem gleichen Platz befinden sich nahe der Bar degli Osei einige in Marmor **eingemeißelte Zeichen.** Sie stellten die Maßeinheiten der damaligen Händler dar.

gebrachten venezianischen Löwen, der an die venezianische Herrschaft erinnert, verlor die Porta während des Napoleonischen Kriegs. Links und rechts angrenzend erinnern jedoch noch die Überreste der alten Stadtmauer an längst vergangene Tage.

In der Nähe der Porta, in der Via Euganea, steht die Kirche **San Giovanni Battista alle Navi** oder auch schlicht Chiesa di San Giovanni genannt. Sie wurde 1241 geweiht und weist ein Tonnengewölbe auf. Äußerlich ist die Kirche in pompejanischem Rot und Elfenbein gehalten. Im Inneren befinden sich Fresken aus dem 18. Jh. sowie ein barocker Altar mit einem Altarbild aus dem 16. Jh.

› Piazzale Porta San Giovanni, 2

10 Palazzo degli Specchi ★ [B4]

Der schmucke Palazzo degli Specchi aus dem 16. Jh., auch als Casa di Tito Livio bekannt, ist leider nicht öffentlich zugänglich, aber dennoch sehenswert. Der Name **Palazzo degli Specchi (Palast der Spiegel)** erklärt sich durch die Dekoration der Außenfassade mit Tondi aus Porphyr und Marmor. Durch den Glanz des Marmors und des Porphyrs wird ein gewisser Spiegeleffekt erzeugt. Glaubt man den Erzählungen der Einheimischen, sollten die Tondi magische Amulette darstellen, die zur Abwehr negativer Einflüsse dienten, die vom Haus gegenüber kamen. In diesem aus dem 14. Jh. stammenden

011pa-sm

› Ein Muss für jeden Besucher: die Basilica di Santa Maria Assunta und das benachbarte Battistero 12

‹ Hübsche Eckelemente befinden sich in der gesamten Stadt verstreut

Gebäude soll sich eine alte Tabaccheria befunden haben und dort sollen böse Gestalten leben, die Albträume und Halluzinationen verbreiten. Das Haus steht bis heute leer.

Die Bezeichnung **Casa di Tito Livio** geht auf Annibale Maggi da Bassano zurück, den in der ersten Hälfte des 16. Jh. lebenden ersten Eigentümer des Hauses, der auch als Bassianino bekannt war. Er hatte es sich auf die Fahnen geschrieben, den römischen, aber in Padua geborenen und zur Zeit von Augustus lebenden Geschichtsschreiber Titus Livius (59 v. Chr.–17 n. Chr.) in seinen Familienstammbaum zu integrieren. Er erklärte sich selbst zu seinem Nachfahren und behauptete, dort, wo nun der Palazzo stehe, hätte sich vorher das Haus des Geschichtsschreibers befunden. Damit auch dem letzten Padovani die vermeintliche Abstammung ersichtlich wurde, gab er seinem Sohn ebenfalls den Namen Titus Livius.

› Via del Vescovado, 84/86

11 Basilica di Santa Maria Assunta (Duomo) ★★★ [B4]

Unmittelbar neben dem Battistero befindet sich der beeindruckende Duomo, wie die Basilica di Santa Maria Assunta auch genannt wird. Er wurde auf Resten früherer, zum Teil antiker Kirchen erbaut. Der genaue Zeitraum seiner Entstehung ist nicht genau belegbar, man geht aber davon aus, dass er zwischen 462 und 620 liegt. Der erste Vorgängerbau war der heiligen Justina gewidmet und soll nach dem Konstantin-Edikt (Konstantinische Wende) auf dem heutigen Kirchhof errichtet worden sein, genau dort, wo sich heute eine Steinsäule mit Kreuz befindet. 899 wurde der Komplex bei der Invasion der Ungarn zerstört, dann wiederaufgebaut und 1075 eingeweiht, aber dann am 3. Januar 1117 durch ein Erdbeben erneut zerstört. Danach wurde nach Plänen des Architekten Marcillo eine neue, **dreischiffige Kathedrale** mit gleicher Ausrichtung, also mit Presbyterium im Westen und Fassade im Osten, errichtet und am 24. April 1180 geweiht. Gemäß der ottonischen Renaissance wurden die Schiffe durch Säulen und Pilaster voneinander getrennt. 1227 wurde der Glockenturm und 1399 schließlich das Kreuzgewölbe errichtet. 1551 wurden Pläne von Jacopo Sansovino zum Bau eines neues Presbyteriums durch einen neuen Plan von Michelangelo Buonarroti ersetzt, der während der Bauarbeiten abermals mehrmals verändert wurde. Der mittelalterliche Glockenturm wurde abgerissen, die Fassade durch ein Portal erweitert und die alten Kirchenschiffe durch neue ersetzt. Die feierliche Einweihung der neuen Kathedrale, die später den Titel einer Basilica minor erhielt, fand am 25. August 1754 statt.

Der 1756 von Giovanni Gloria und Giorgio Massari realisierte **Kuppelbau** wurde 1822 durch einen von einem Blitzschlag ausgelösten Brand zerstört, später aber wiederaufgebaut. 1797 raubten französische Truppen das in der Basilika befindliche Silber. 1931 fand eine Restaurierung des Fußbodens statt, bei der einige Grabsteine entfernt wurden.

Der heutige Duomo basiert auf einem **Grundriss eines lateinischen Kreuzes** und besitzt einen achteckigen Tiburio und eine hohe Kuppel. Neben dem Presbyterium befinden sich die beiden **Sakristeien** Canonici und Prebendati, wobei sich nahe Letzterer der **Glockenturm** aus dem Jahre 1923 mit den sieben veronesischen Glocken erhebt. In diesem ist ein römischer Grabstein eingearbeitet, in den der Name des alten römischen Familiengeschlechts der Fabier aus dem Jahr 49 n. Chr. eingemeißelt ist.

Aufwendige Stuckarbeiten in der Basilica di Santa Maria Assunta

013pa-sm

Die **romanische Fassade** mit den drei Portalen ist unvollständig geblieben. Während des Ersten Weltkriegs wurde die obere Hälfte zerstört und beim Wiederaufbau das heute sichtbare **Rosettenfenster** eingesetzt.

Wer die Basilika betritt, ist erst einmal von der gewaltigen Größe beeindruckt und dann von den meisterhaft ausgearbeiteten Statuen, Figuren und Putten sowie den interessanten Gemälden großartiger Künstler. Unter dem Presbyterium befinden sich die unbedingt zu besichtigende **Krypta** mit einer auf hohem Niveau ausgearbeiteten Stuckdecke und der Kapelle des Heiligen Kreuzes (Cappella della Santa Croce).

Das **Mittelschiff** wird von zwei Kuppeln bedeckt. Der gesamte **Fußboden** ist mit einem hübschen, geometrischen, braun-beige-blauen Muster durchzogen. Die **Kapelle San Lorenzo Martire** beherbergt ein Altarbild von Alessandro Galvano und zeigt den heiligen Lorenzo (Laurentius von Rom). Die meisterhaft ausgearbeitete Statue des heiligen Lorenzo Giustiniani (u. a. Bischof und Patriarch von Venedig) aus Carrara-Marmor, die sich vor dem Altarbild in der dem Heiligen gewidmeten Kapelle befindet, wurde von Felice Chiereghin 1788 ausgearbeitet. Man achte hierbei besonders auf die Details wie das Lochmuster am Saum des Gewands.

In der **Cappella della Madonna dei Miracoli** befinden sich gleich mehrere Meisterstücke wie der erhöhte Altar aus dem Jahr 1647 von Mattia Carneri mit einem Altarbild, das lange Zeit Giotto zugeschrieben wurde, aber heute als älter eingeschätzt wird, und die beiden Heiligenstatuen Paolo und Pietro von Bernardo Falconi neben dem Altar. Die Kapelle wird von einer Kuppel gekrönt und beherbergt zwei sehenswerte Gemälde von Francesco Zanella. Interessant ist auch das gotische Arkosolium mit fünf Statuen von Heiligen und der Jungfrau auf der rechten Seite. Neben der Sakristei Prebendati mit einem Bild der Geburt Jesu mit geschnitztem barocken Rahmen, einer Kopie der Natività von Caravaggio und zwei Gemälden von Andrea Vicentino und Francesco Minorello befindet sich das überwiegend mit Carrara-Marmor ausgestattete **Presbyterium** mit dem Hochaltar von Daniele Danieletti aus dem Jahre 1770. Über dem Altar ist ein Baldachin von Cesare Bovo gespannt. An den Wänden finden sich Gemälde diverser Künstler und der von Filippo Parodi angefertigte Holzchor.

Links neben dem Presbyterium folgt die **Sakristei der Kanoniker**, die einige interessante Gemälde, darunter ein Bildnis von Francesco Petrarca, enthält. Daneben befindet sich die **Cappella del S.S. Sacramento**, in der zwei meisterhaft ausgestaltete, betende Engelstatuen von Tommaso Bonazza (rechter Engel) und Jacopo Gabano (linker Engel) vor dem Altar von Jacopo Gabano zu sehen sind.

Auch das **linke Seitenschiff** bietet einige sehenswerte Meisterwerke wie die große Holzkanzel von Filippo Parodi, das Denkmal für den Kanoniker Francesco Petrarca von Rinaldo Rinaldi, den großen Altar von Tommaso Bonazza in der Kapelle von San Giuseppe, das beeindruckende Altarbild von Pietro Damini in der Kapelle San Gregorio Barbarigo und den weißen Marmoraltar mit einem Altarbild von Francesco Squarcione mit der Darstellung der Jungfrau und dem Jesuskind aus dem 15. Jahrhundert.

› Via Dietro Duomo, 5, Tel. 049662814, www.diocesipadova.it, geöffnet: tgl. 7.30–19.30 Uhr, Eintritt: frei

⑫ Battistero ★★★ [B4]

Das dem heiligen **Johannes dem Täufer** gewidmete Battistero ist eines der beeindruckendsten Gebäude von Padua, denn das Innere ist komplett mit einem der schönsten und interessantesten **Freskenzyklen** überhaupt ausgestattet. **Giusto de' Menabuoi** (s. u.) schuf ihn zwischen 1376 und 1378 auf Geheiß von Fina Buzzaccarini, der Ehefrau von Francesco I da Carrara, genannt il Vecchio, von 1350 bis 1388 Herrscher über Padua.

Das Gebäude, das die Taufkapelle der Basilica di Santa Maria Assunta ⑪ ist, geht auf das 11. Jahrhundert zurück. Der ursprüngliche Bau wies einen quadratischen Grundriss mit Tambour und Kuppel auf, wurde dann aber 1280 durch den Anbau einer Kapelle mit Altar und 1376 mit einem weiteren Tambour erweitert. Im 15. Jahrhundert wurden der Eingang und die kleine davor befindliche Veranda angelegt.

Die Lesung der **Fresken** an den Wänden erfolgt grundsätzlich von oben nach unten. In der großen Kuppel ist das beeindruckende Paradies mit Christus Pantokrator in der Mitte und den Heiligen kreisförmig dargestellt. Unter Christus ist die Gottesmutter in Begleitung von Engeln abgebildet. Der Tambour enthält unter anderem interessante Szenen der Welterschaffung aus dem Alten Testament. Gott sitzt dabei auf Wolken, umringt von Engeln, und erschafft die Welt. Interessant ist, dass die Erde von sieben Ringen mit unterschiedlichen Farben umgeben ist. Danach folgt ein dunkelblauer Ring mit den 12 Tierkreiszeichen. Die Erde ist rund dargestellt und widerlegt damit den Irrglauben, dass die Bevölkerung im Mittelalter davon ausging, die Erde sei eine Scheibe.

KURZ & KNAPP

Giusto de' Menabuoi

- **Geboren:** 1330 Florenz
- **Gestorben:** 1390 Padua
- **Zeitepoche:** Frührenaissance
- **Beruf:** Maler, wahrscheinlich Giotto-Schule
- **Charakteristisches:** lenkt den Blick des Betrachters häufig nach unten, Perspektivmalung mit ausgeprägtem Realismus

⌃ Das Battistero hat herrliche Wandmalereien zu bieten

An den Wänden sind das Leben Johannes des Täufers, die Apokalypse, die Kreuzigung und Auferstehung Jesu, die Flucht nach Ägypten und weitere Szenen aus den Evangelien oftmals in Annäherung an den byzantinischen Stil abgebildet.

› Piazza Duomo, www.diocesipadova.it, geöffnet: tgl. 10–13, 14–18 Uhr, Eintritt: Kombiticket Baptisterium und Diözesanmuseum (s. S. 82) 12 €, ermäßigt 9 €, Onlinebuchung möglich

KURZ & KNAPP

Die Signoria da Carrara

Die Familie da Carrara, auch **Carraresi** genannt, war eine **Adelsfamilie**, die zwischen 1318 und 1405 die Herrschaft über Padua hatte. Sie eroberte große Teile Venetiens und einen Teil des Friauls und kontrollierte damit u. a. Verona, Bassano, Feltre, Vicenza, Belluno, Treviso und Udine. Lediglich die Niederlage gegen die Truppen der Visconti hinderte die Carraresi daran, ein größeres Herrschaftsgebiet mit Padua als Hauptstadt zu schaffen.

13 Torre dell'Orologio ★★★ [C4]

Auf der Piazza dei Signori befindet sich **eine der schönsten mechanischen Uhren Italiens** und eine der ältesten der Welt. Sie wurde 1344 vom Astronomen und Arzt **Jacopo Dondi** konstruiert und schmückt – wenn auch heute als Replik – den Uhrturm, der sich zwischen dem **Palazzo del Capitanio** und dem **Palazzo dei Camerlenghi** befindet und durch seine enorme Größe kaum zu übersehen ist. Der Durchgang in der Basis diente als Eingang in die **Reggia Carrarese**, einen Komplex aus Häusern und Loggien der **Signoria Carrarese** (s. o.), die ihren Sitz in Padua hatte.

Bei Kampfhandlungen, als der letzte Prinz der Signoria von Padua, Francesco Novello da Carrara, sich gegen die Einnahme der Stadt durch die Visconti zur Wehr setzte, entstand ein Brand, bei dem der alte Uhrturm zerstört wurde. 1428 wurde ein **neuer Turm im gotischen Stil** errichtet. Die Einweihung der neuen **astronomischen Uhr**, bei der die Tierkreiszeichen des zerstörten Vorgängers von Giovanni und Gian Pietro delle Caldie-

Die Piazza dei Signori erwacht in den frühen Morgenstunden

015pa-sm

re wiederverwendet wurden, erfolgte 1437 zum Fest des heiligen Antonius.

Giovanni Maria Falconetto ergänzte die Basis des Turm 1532 mit einem gigantischen **Rundbogen (Arco).** Der von ionischen Pilastern gefertigte **Rahmen der Uhr** stammt von Giovanni Maria Falconetti, der die Fassade des Uhrturms 1537 im Auftrag von Vitale Landro restaurierte.

Die Uhr befindet sich im dritten Stock des Turms und kann problemlos von der Piazza aus bewundert werden. Wer genau hinschaut, wird bemerken, dass das **Zeichen der Waage** fehlt. In vorrömischer Epoche wurden die Zeichen für Waage und Skorpion zu einem Zeichen zusammengefasst. Bis zum Jahr 1787 waren zwar beide Sternzeichen zu sehen, doch der Abt Bartolomeo Toffoli ließ die Waage zwischen 1787 und 1792 entfernen, um den antiken Tierkreiszeichen folgen zu können.

Der Uhrturm ist auch von außen schon beeindruckend, wer möchte, kann ihn aber nach vorheriger Anmeldung auch von innen besichtigen.

› Piazza dei Signori, 28, Tel. 3924764353, www.padovanet.it/informazione/orologio-astrario-di-piazza-dei-signori, eine Vorabbuchung (auf Italienisch oder Englisch) unter Tel. 3924764353 oder E-Mail salvalarte@legambientepadova.it ist unbedingt nötig, geöffnet: saisonal unterschiedlich, max. 4 Personen pro Führung, Eintritt: frei

14 Oratorio di San Rocco ★★ [C3]

Das 1525 errichtet Oratorio di San Rocco, das auch als Scuola di San Rocco bezeichnet wird, befindet sich in der Via Santa Lucia, nur wenige Schritte nördlich der Piazza della Frutta, und wurde von der Fraglia di San Rocco, der Bruderschaft San Rocco, gegründet. Von außen ist es mit seiner schlichten, hellen Fassade recht unscheinbar, doch im Inneren ist eine wertvolle und noch gut erhaltene **Freskenabfolge aus dem Leben des San Rocco** zu sehen, an der die Künstler Domenico Campagnola, Gualtiero Pa-

Die Gallina Padovana

Die Gallina Padovana, im deutschsprachigen Raum einfach Paduaner (Paduaner Haubenhuhn) genannt, ist eine Hühnerrasse, die bis zu 120 Eier im Jahr legt. Erstmals erwähnt wurde sie im „Papyrus Artemidor" aus dem ägyptischen Alexandria, das um das Jahr 10 n. Chr. datiert wird.

Nach Padua kam das Huhn der Überlieferung nach durch den Astronomen und Philosophen Giovanni Dondi dell'Orologio, der es um 1300 wegen seiner Schönheit aus Polen mitbrachte. Seitdem werden diese Rassehühner in Padua und Umgebung gezüchtet, und das nicht nur wegen ihrer Schönheit – sie besitzen eine recht eigene, große Vollhaube –, sondern auch wegen der Qualität des Fleisches. In Padua wird das Huhn in verschiedenen Varianten zubereitet, von süß-sauer bis deftig gebraten und mit einem Hauch orientalischer Gewürze.

Das Paduaner-Hühnchen wird als Slow Food eingestuft. Damit ist die Gegenbewegung zum Fast Food gemeint, die auf regionale Küche aus lokalen Produkten setzt. Sie wurde von der gleichnamigen Organisation in Italien gegründet.

dovano, Girolamo Tessari, Stefano dall'Arzare und Johannes Stephan van Calcar beteiligt waren. Der schmucke **Altar** mit einem Altarbild von Alessandro Maganza aus dem Jahr 1697 wird von Arkadenbögen und schmalen Säulen eingefasst und bildet im Zusammenspiel mit dem dort angebrachten Kreuzgewölbe ein harmonisches Ensemble. Im oberen Stockwerk befindet sich ein weiterer Raum, der seit einem Erdbeben 2012 jedoch für den Publikumsverkehr nicht mehr öffentlich ist. Dort werden Fresken von Campagnola und das Altarpodest von Tiziano Minio aufbewahrt.

› Via Santa Lucia, 59, Tel. 0498753981, http://padovacultura.padovanet.it/it/musei/oratorio-di-san-rocco, geöffnet für gelegentlich hier stattfindende Ausstellungen (Karten im Musei Civici agli Eremitani ❸)

KURZ & KNAPP

Fraglia

Als *fraglia* (Mehrzahl *fraglie*) konnte in Venetien außer einer **religiösen Bruderschaft** auch ein **Zusammenschluss von Zünften** bezeichnet werden. Seit dem 13. Jahrhundert sind derartige *fraglie* in den Städten Venedig, Padua und Vicenza bezeugt. Sie traten ähnlich einer Gewerkschaft auf, vertraten und kümmerten sich um ihre Mitglieder und garantierten eine qualifizierte Ausbildung. Jede *fraglia* besaß eine ihrem Schutzpatron geweihte Kirche, in der man sich traf und betete. An die Spitze wurde der sogenannte **gastaldi** gewählt. Die **massari** hingegen kümmerten sich um die Mitgliedsbeiträge. 1287 zählte Padua 36 *fraglie*, darunter Friseure, Metzger, Tischler, Fischer, Maurer und Bäcker.

⓯ Chiesa di Santa Lucia ★ [C3]

Die erstmals 964 dokumentierte Kirche Santa Lucia, auch Corpus Domini genannt, befindet sich direkt neben dem Oratorio di San Rocco und ist eines der ältesten Gotteshäuser der Stadt. 1308 wurde Santa Lucia zur Pfarrkirche ernannt und sie ist die einzige Kirche in Padua, in der die **eucharistische Anbetung** praktiziert wird (s. S. 36).

1634 wurden die Sakristei und das Presbyterium beim Einsturz des Glockenturms zerstört. Von 1711 bis 1730 erfolgte unter Beibehaltung der Ost-West-Ausrichtung ein kompletter Umbau der Kirche. Im 19. Jahrhundert verlor die Chiesa di Santa Lucia, die zudem der Sitz der Fraglia Frutaroli (Früchteverkäufer) und der Fraglia Calegari (Schuster, Schuhmacher) war, den Titel einer Pfarrkirche und wurde stattdessen mit dem neuen Titel „Corpus Domini" versehen (Kirche des Körpers Christi). Dies bedeutete, dass die Kirche symbolisch gesehen das spirituelle Zentrum Paduas wurde.

2012 kam es zu einem Erdbeben, wodurch die Fassade der Kirche schwer beschädigt wurde. Erst am 18. Juni 2017 konnte Santa Lucia nach statischen Arbeiten wiedereröffnet werden.

Die imposante **Fassade** der Kirche wird von einem monumentalen, von Halbsäulen und schmucken Pilastern getragenen **Giebel** geschmückt, der sofort ins Auge fällt. Darunter befindet sich das **Eingangsportal mit Tympanon.** Links und rechts des Portals thronen jeweils in einer Ädikula (kleines, meist einem Tempel ähnliches antikes Bauwerk) die Heiligen Peter und Paul. An der rechten Seitenwand der Kirche befindet sich das **Epitaph von Lombardo della Seta,** einem Freund des berühmten Dichters und Geschichtsschreibers Francesco Petrarca.

Das **Innere der Kirche** beeindruckt mit an den Wänden platzierten halbkorinthischen Säulen, den 12 Nischen mit Aposteln von Giovanni und Antonio Bonazza, Antonio da Verona und Giuseppe Casetti sowie Giacomo Contiero, einem auffallenden Fußboden in bernsteinfarbenem und weißem Schachbrettmuster und dazu passenden Holzbänken und Pulten. Im oberen Bereich der Wände befinden sich eingefasste, halbkreisförmige Fenster. Eine Kuppel bedeckt die Apsis.

Der **Hauptaltar** mit dem Altarbild von Amleto Sartori befindet sich gegenüber dem Eingangsportal. Entlang der Seitenwände, über den Aposteln, sind **Gemälde** von Giacomo Ceruti, auch „Pitocchetto" genannt, zu sehen, der vier Kirchenlehrer der lateinischen Kirche, die vier Beschützer Paduas und die vier Evangelisten darstellte. Das Gemälde von San Luca links vom Presbyterium wird jedoch Giovanni Battista Tiepolo zugeschrieben.

Außerdem gibt es vier größere Gemälde von Domenico Campagnola, Antonio De Pieri und Alessandro Varotari. An der rechten Wand thront ein kleinerer Altar mit der **Madonna von Sassoferrato.** An der linken Wand ist ein hölzernes Kruzifix von Giovanni Bonazza platziert. Altar und Kruzifix werden im oberen Bereich von beeindruckend schönen Engelsfiguren eingefasst. Über dem Haupteingang thront die am 10. Februar 1957 eingeweihte **Orgel.**

› Via Santa Lucia, 59, geöffnet zu den Messen

KURZ & KNAPP

Eucharistische Anbetung

Bei der Eucharistischen Anbetung handelt es sich um eine römisch-katholische **Form des Gebets,** bei der im Mittelpunkt das in einer Monstranz (kostbares, mit Gold und Edelsteinen verziertes liturgisches Schaugerät mit einem Fensterbereich) gezeigte **Allerheiligste,** die in Leib und Blut Christi verwandelten Gaben von Brot und Wein, verehrt wird und der **sakramentale Segen** den Abschluss bildet. Während der Zeremonie werden der katholischen Liturgie zugrunde gelegte Gebete und Lieder zelebriert, wobei am Ende der Anbetung, aber noch vor dem abschließenden Segen, die letzten Strophen der lateinischen Hymne „Pangelingua" gesungen werden.

16 Palazzo della Ragione ★★★ [C4]

Der Palazzo della Ragione steht auf antiken Resten aus der römischen Zeitepoche. Was sich hier genau befand, ist bis heute ungewiss, Experten gehen aber davon aus, dass es sich um Wohnhäuser gehandelt hat, die 1174 einem Brand zum Opfer fielen, der zwei Drittel der Stadt zerstörte. Aus den Euganeischen Hügeln wurde danach Stein abtransportiert und nach Padova geschafft, um die Stadt neu aufzubauen. Laut Giovanni da Nono, der zwischen 1310 und 1346 Richter am Palazzo della Ragione war, glich Padova wegen seiner zahlreichen hohen Türme „einem Wald". Zur Stadtverwaltung gehörte der **Torre Bianca,** der heute neben dem Palazzo degli Anziani steht und eine Glocke enthielt, die zum Treffen des Consiglio Maggiore (Hauptratsversammlung) läutete. Im Turm waren Aufseher platziert, die nach Feuern Ausschau hielten und die umliegenden Plätze kontrollierten. Der Turm gehörte zu einem Komplex aneinan-

059pa©efesenko, stock.adobe.com

dergereihter Verwaltungsgebäude, die sich neben dem Palazzo della Ragione befanden und zum Teil durch Übergänge mit ihm verbunden waren.

Der eindrucksvolle **Palazzo della Ragione** wurde ab Juni 1218 unter der Leitung des Bürgermeisters Giovanni Rusconi erbaut. 1220 wurden die Arbeiten beendet. Das ursprüngliche Gebäude war wesentlich kleiner als der heutige Palazzo und verfügte über zwei Etagen. Im Erdgeschoss war – wie heute auch – die **Markthalle** mit Geschäften *(stationes)* angesiedelt. Der **erste Stock**, der *mezzanino*, war z. B. Schneidern, Kürschnern und Schreibwarenhändlern vorbehalten, aber auch die Buchhaltung der Stadt *(canipa)* befand sich hier. Der **zweite Stock**, der *magnum solarium*, war in Säle unterteilt, die der Stadtverwaltung und öffentlichen Institutionen wie dem Gericht dienten. Padua gehörte zu den ersten Städten in Italien, die einen Anwalt für arme Bürger stellte, den sogenannten *avvocato al servizio*. Er wurde von der Stadt bezahlt und den Insassen des an der Westseite angrenzenden Gefängnisses zur Seite gestellt, wenn sie sich keinen Anwalt leisten konnten.

Im größten Saal, dem **Sala maior palacii comunis Padue**, wurden die Hauptratsversammlung und die Bürgerversammlung *(conciò)*, abgehalten. Insgesamt fasste der Saal 600 Personen und war mit den bis dato vier Eingangstreppen verbunden. Das Dach des Palazzo war mit Dachschindeln eingedeckt. Schon damals hatte er an seiner Südseite 24 Säulen und an seiner Nordseite 22 Säulen, die die Arkaden bildeten.

Durch den **wirtschaftlichen Aufschwung** Paduas zog die Stadt immer mehr Künstler und Händler an. Der Platz in der Markthalle wurde zunehmend enger, also beschloss man, **den Palazzo zu erweitern** und beauftragte

⌃ *Der enorme Palazzo della Ragione beeindruckt die Besucher*

den Ingenieur Giovanni degli Eremitani damit, dort, wo sich die heutige Piazza delle Erbe befindet, eine mit Holz überdachte Markthalle zu errichten und sie mit der alten Markthalle des Palazzo zu verbinden. 1901 wurde sie aber wieder abgebaut und Giovanni degli Eremitani baute stattdessen zwischen 1307 und 1309 das Dach des Palazzo ab und stockte ihn um weitere sechs Meter auf. Die Innenwände des zweiten Stocks sollten nun neu ausgeschmückt werden, weshalb man Giotto di Bondone rief. Giovanni degli Eremitani gab dem Palazzo seinen **charakteristischen Dachaufbau**, der einem umgedrehten Schiffsrumpf gleicht, und verkleidete ihn außen mit Blei. Um Licht in das Gebäude dringen zu lassen, wurden im obersten Stockwerk runde Fenster eingebaut.

Nach der Signoria dei Carraresi übernahmen 1405 die **Venezianer** die Kontrolle über Padua. 1420 brannte der Palazzo della Ragione ab, als einige Venezianer dort aufbewahrte Dokumente aus der Zeit der Signoria Carraresi beseitigen wollte. Sofort beauftragte der Doge Tommaso Mocenigo den Schiffsingenieur Bartolomeo Rizzi mit dem Wiederaufbau des Gebäudes. Er eliminierte dabei den ersten Stock und die meisten der Wappen der Signoria Carraresi. Der ursprüngliche zweite Stock wurde zu einem großen Saal umgebaut, dem heutigen **Salone.** Äußerlich wurden **zwei Loggien mit Arkaden** angebaut, die dem Palazzo sein heutiges Aussehen verliehen.

1425 wurden die Arbeiten abgeschlossen und die Venezianer entschieden sich, einen neuen **Freskenzyklus** im Salone anbringen zu lassen, da der alte Giotto-Zyklus abgebrannt war. Sie beauftragten dafür den paduanischen Maler Nicolò Miretto und den Maler Stefano aus der Stadt Ferrara, die auf insgesamt rund 200 m einen **astrologischen Freskenzyklus** anbrachten. Er ist nach Monaten in 12 Abschnitte unterteilt, wobei jeder Abschnitt wiederum auf drei übereinander angeordneten Ebenen in 24, 25 oder 26 Fächer unterteilt ist. Jeder Monat wird mit einem Apostel begonnen, der zwei Quadrate einnimmt. Darauf folgen das Sternzeichen, der Monat, der Planet des Monats mit dem Tierkreiszeichen, Engel, der Sonnenaufgang, der Horizont und die Aszendenten. Im Mittel-

016pa-sm

punkt steht dabei immer der Mensch im Jahresverlauf.

1466 wurde für einen Maskenumzug der venezianischen und paduanischen Adligen von einem bisher unbekannten Künstler im Auftrag von Annibale Capodilista, einem Familienmitglied der gleichnamigen alteingesessenen paduanischen Familie, ein 5,75 m langes und 6,2 m hohes **hölzernes Pferd** erschaffen. Es wurde im Salone aufgestellt und ist dort noch heute neben **Denkmälern** wichtiger Persönlichkeiten Paduas wie Sperone Speroni, Titus Livius und Lucrezia Dondi dall'Orologio, einem Beispiel für ein **Foucault-Pendel** und dem rechts am Eingang befindlichen **Schuldner-Stein „La Pietra del Vituperio“** zu sehen. Auf den Stein aus schwarzem Porphyr mit quadratischem Sockel und drei Stufen mussten sich säumige Schuldner, nur mit Unterwäsche bekleidet, vor mindestens 100 Personen dreimal hinsetzen, während sie jedes Mal „cedobonis“ („Ich verzichte auf Eigentum“) sagten. Danach mussten sie Padua für immer verlassen. Man ging davon aus, die Demütigung und die Verbannung aus der Stadt seien Strafe genug. Falls sie ohne Zustimmung der Gläubiger zurückkamen, mussten sie das Ritual erneut erdulden und bekamen zusätzlich drei Eimer Wasser über den Kopf geschüttet.

Im 16. Jahrhundert wurde der venezianische Maler **Domenico Campagnola** beauftragt, den Salone weiter auszuschmücken. Er fügte einfarbige Medaillons, einige Tierkreiszeichen und den gemalten San Sebastiano hinzu. Am 17. August 1756 deckte ein **Wirbelsturm** das Dach ab, das darauffolgend vom Ingenieur Bartolomeo Ferracina erneut aufgebaut wurde. 1761 wurde der Fußboden des Salone ersetzt und im 19. Jahrhundert der Gang zwischen dem Palazzo della Ragione und dem Gefängnis abgerissen. An seiner Stelle wurde der **Palazzo delle Debite** errichtet.

An den Außenmauern der nordöstlichen Treppe des Palazzo auf der Piazza della Frutta sind **Maßeinheiten** in Form von Zeichen eingraviert. Diese wurden von Händlern genutzt, um Streitigkeiten über Gewicht und Umfang der Waren zu vermeiden. Der *brazzolaro*, eine 68 cm lange Eingravierung, wurde für Stoffe genutzt, der *staro* für Samen und Zerealien, der

Volto della Corda

Der Gang Volto della Corda (Gesicht des Seils) wurde 1259 errichtet und verband den Palazzo della Ragione an dessen Ostseite mit dem Palazzo del Consiglio. Letzterer brannte kurze Zeit später ab, doch der Volto della Corda, der von der Piazza delle Erbe aus zu sehen ist, blieb bestehen. Seinen Namen erhielt er, weil dort die im Gericht festgesetzten Strafen vollzogen wurden. In der Regel handelte es sich um Folterungen und Exekutionen per Seil bei Dieben und Kriminellen. Bei Falschaussagen und Urkundenfälschung wurde gewöhnlich die Nase abgeschnitten, bei Meineid auch die Zunge. Wer einen Feind im Namen anderer Personen umbrachte, wurde selbst mit dem Tode bestraft. An der Westseite des Palazzo befand sich das Gefängnis, welches ebenso durch einen Gang mit dem Palazzo verbunden war.

☐ Die Sicht von einer Loggia des Palazzo della Ragione aus

copo für Mehl und der *quarelo* für Ziegelsteine. Flüssigkeiten wurden nach *carri* und *mastelli* abgewogen. Ein *carro* enthielt 10 *mastelli* und ein *mastello* 72 *bozze.* 45 Liter Wein ergaben eine *metreta.*

Noch heute befindet sich unter dem Salone, sozusagen im Erdgeschoss, der historische überdachte Marktplatz Paduas, der *broletto,* auf dem Waren des täglichen Bedarfs angeboten werden. Als *broletto* bezeichnete man eine **Versammlungsstätte,** die ab dem 11. Jh. vornehmlich in lombardischen Städten zu finden war und im Erdgeschoss gewöhnlich eine Art offene Halle aufwies, der ein Gebäude aufgesetzt war. In der Halle konnten öffentliche Gerichtsverhandlungen oder auch Märkte abgehalten werden.

› Piazza delle Erbe, Tel. 0498205006, http://padovacultura.padovanet.it/it, Öffnungszeiten Salone: Di–So 9–19 Uhr, Eintritt: 8 €

17 Palazzo del Bo ★★ [D4]

1222 gründeten einige Studenten und Professoren aus Bologna in Padua eine neue **Universität,** da sie wegen schwerer Verstöße gegen die akademische Freiheit nicht in Bologna bleiben wollten. Zunächst verteilten sie sich über verschiedene Räume und Gebäude der Stadt, ehe 1494 der Palazzo del Bo zum **Hauptsitz** der Universität wurde. Er ist ein Meisterwerk verschiedener Stilepochen und beherbergt heute die Institute der Rechtswissenschaften, Medizin und Literatur, das Rektorat und das antike Teatro Anatomico, den Saal, in dem früher in den Anatomievorlesungen Leichen seziert wurden.

Highlight des Palazzo sind die über 3000 bemalten **Wappen, Reliefs** und **Gemälde von Rektoren und Ratsmitgliedern,** die viele Räume, das Atrium und die Arkaden schmücken. Durch die zunehmende Zahl der Wappen und die daraus resultierende Platznot verbot die venezianische Regierung 1688, weitere Wappen anzubringen.

Der Palazzo del Bo wurde im Laufe seiner Geschichte oft umgebaut, weshalb er architektonische Elemente aus dem Mittelalter, der Renaissance und der Moderne aufweist. **Carlo Anti,** zwischen 1938 und 1943 Rektor der Universität, beauftragte zudem während seiner Amtszeit namhafte Künstler wie den Architekten und Designer Gio Ponti, den Bildhauer Arturo Martini und den Maler Massimo Campigli damit, die Universität künstlerisch neu zu gestalten.

Der **Haupteingang** befindet sich im „Neuen Flügel" des Gebäudes, der ab 1910 nach Plänen von Guido Fondelli entstand und die Fakultät der Rechtswissenschaften beherbergte. Auf der anderen Seite der aus dem Jahr 1922 stammenden **Bronzetüren** eröffnen sich der sogenannte **Cortile Nuovo** (Neue Hof) des Architekten Ettore Fagiuoli und das **Heldenatrium.** Links gelangt man über ein paar Stufen in den alten Flügel des Palazzo mit dem **Cortile d'Onore** (Ehrenhof) von Andrea Moroni aus dem 16. Jahrhundert. Der Hof im Renaissancestil ist im unteren Bereich mit einer Doppelloggia mit dorischen Säulen und im oberen mit ionischen Säulen sowie unzähligen bemalten Wappen von leitenden Rektoren und Räten aus der Zeit von 1542 und 1688 ausgestattet.

Vom Erdgeschoss aus führen zwei Treppen in die obere Loggia, von wo man Zugang zu verschiedenen Sälen hat. An der Südseite der Loggia befinden sich die **Cornaro-Treppe** und

der Eingang zur Humanistischen Fakultät, die im neuen Haus, der *Domus rubea* oder *Ca'nova,* beheimatet ist. Die Cornaro-Treppe wurde nach Elena Lucrezia Cornaro benannt, der ersten Frau, die ihren Abschluss in Philosophie erlangte. Sie promovierte 1678 an der Universität von Padua.

An der Nordseite der Loggia befindet sich der alte Turm der *Ca'bianca* oder *Domus alba* aus dem 13. Jahrhundert. Der Saal der Medizinischen Fakultät ist an der Westseite gelegen und besitzt eine aus dem Mittelalter stammende Decke, Fresken von Achille Funi aus dem Jahr 1942 und zeigt in Vitrinen sieben Schädel von Professoren, die selbige der Wissenschaft zur Verfügung stellten.

Hinter der Tür, über der das Wappen des Pathologen Girolamo Fabrici d'Acquapendente (1537–1619) zu sehen ist, befindet sich das von selbigem 1594 errichtete und bis 1872 genutzte **Teatro Anatomico**, das als erstes fest eingebautes anatomisches Theater der Welt gilt. Der Seziertisch befindet sich in der Mitte. Die Stehplätze für die Studenten sind ellipsenförmig in sechs Etagen aus Walnussholz darum herum angeordnet, wobei sie sich nach oben hin weiten. Die weiteste Stelle beträgt 7,56 m x 6,92 m, die engste 3,49 m x 2,97 m.

Bis 1844 wurde der Raum nur mit Kerzen beleuchtet, da wegen der Treppen nicht genügend Licht hineinkam, später konnten die Fenster durch einen Umbau geöffnet werden. Die Körper, die im anatomischen Theater seziert wurden, waren Leichen von zum Tode Verurteilten. Die Anatomiestunden wurden stets von Mu-

Im Cortile des Palazzo del Bo sind zahlreiche Wappen zu sehen

018pa-sm

sik begleitet, um die Atmosphäre ein wenig aufzuheitern.

An der Ostseite der Loggia folgen der **Saal der Vierzig** (Sala dei Quaranti), die frühere **Aula Magna,** die 40 Porträts ausländischer Studenten und ein Holzpult enthält, an dem der Gelehrte **Galileo Galilei** von 1592 bis 1610 Vorlesungen abgehalten haben soll, sowie das aus dem 18. Jahrhundert stammende **Brüderschaftsgebäude,** die heutige Aula Magna, die im 19. Jahrhundert renoviert wurde und Deckenfresken von Giulio Carlini enthält.

› Via VIII Febbraio, 2, Tel. 0498273939, www.unipd.it/visitebo, der Innenhof ist tgl. frei zugänglich, Führungen durch die Räumlichkeiten: Mo–Fr 11 Uhr (ital.), 12 Uhr (engl.), 15.30 Uhr (ital.), 16.30 Uhr (engl.), 17.30 Uhr (ital.), 8 €

Sogar die Decke ist mit Wappen geschmückt

Galileo Galilei in Padua

Galileo Galilei wurde am 15. Februar 1564 in Pisa geboren und verstarb am 8. Januar 1642 in Arcetri. Er war ein italienischer Physiker, Astronom, Mathematiker und Philosoph, der vor allem in der astronomischen Revolution eine Schlüsselrolle gespielt hat.

Galileo entdeckte unter anderem die vier größten Monde des Jupiter, Io, Europa, Ganymed und Kallisto, die nach ihm als Galileische Monde bezeichnet werden.

Insgesamt 18 Jahre lebte Galileo Galilei in Padua und lehrte an der Universität Mathematik, Mechanik und Physik. Mit Hilfe des Künstlers Marcantonio Mazzoleni, der im selben Haus wohnte, richtete er sich an der Universität eine kleine Werkstatt ein, in dem er Experimente durchführte und Werkzeuge herstellte. Diese verkaufte er und besserte damit sein Gehalt auf, das anfänglich bei 320 Gulden pro Jahr lag und durch mehrere Gehaltserhöhungen bis auf 1000 Gulden anstieg.

1593 entwickelte er eine Maschine, die Wasser auf höhere Ebenen transportieren konnte. Zudem gab Galileo Privatunterricht. Zu seinen Schülern gehörten unter anderem Vincenzo I. Gonzaga, der Sohn von Guglielmo Gonzaga, Herzog von Mantua und Monferrato, und Eleonora von Österreich, und die zukünftigen paduanischen Kardinäle Guido Bentivoglio und Federico Cornaro.

18 Ghetto di Padova ★★ [C4]

Das jüdische Ghetto, das heute ein normales Stadtviertel Paduas ist, wurde 1603 auf Veranlassung des **Bischofs Marco Cornaro** gegründet, als die jüdische Bevölkerung in Padua anwuchs. Bis 1797 war das Ghetto eingegrenzt. Es bestand aus vier Straßen, die jeweils an einem Tor endeten, das nachts geschlossen wurde. Erst nach einem Erlass der Franzosen, in dem Juden als gleichberechtigte Bürger anerkannt wurden, blieb das Ghetto auch am Abend geöffnet.

Die jüdische Bevölkerung Paduas verdiente ihren Lebensunterhalt mit dem An- und Verkauf von gebrauchten Gegenständen und der Ausübung bestimmter Handwerksberufe. Noch heute existieren im Ghetto einige kleinere **Handwerksläden**, die praktisch den modernen Zeitverlauf „überlebt“ haben. Obwohl sich das Viertel in unmittelbarer Nähe zu den beiden belebten Plätzen Piazza delle Erbe und Piazza del Duomo befindet, herrschen hier heute eine Ruhe, die zum Verschnaufen einlädt, und ein besonderes Flair. Doch auch die **Gedenktafeln** an verschiedenen Gebäuden, die auf das Leid der verfolgten und ermordeten Juden hinweisen, sollte man bei einem Besuch nicht übersehen.

Die im Jahr 1584 errichtete **Synagoge** befindet sich nahe des **Jüdischen Museums** (Museo della Padova Ebraica, s. S. 80) am Eingang des Ghettos von der Via Roma aus kommend. 1892 wurde sie nach dem Bau einer neuen Synagoge zunächst geschlossen, nach dem Zweiten Weltkrieg aber wiedereröffnet, da die deutsche Besatzung das neue Gotteshaus zerstört hatte. Das Innere ist prunkvoll im Barockstil ausgeschmückt und wird von vielen Stuckarbeiten, Marmorausschmückungen und Schnitzarbeiten geziert. Von der Decke hängen zahlreiche Räuchergefäße herab. Der aus dem 17. Jh. stammende Toraschrein ist überschwänglich geschmückt und

Blick auf einen der typischen Palazzi im Ghetto

wird von vier Säulen gerahmt. Die Bimah mit ihrem oktogonalen Baldachin ist komplett aus Holz gefertigt und über eine Treppe zu erreichen. Die Synagoge kann im Rahmen eines Besuchs des Jüdischen Museums besichtigt werden oder aber am Samstagmorgen nach der Gebetszeit.

★1 [C4] **Sinagoga Italiana di Padova,** Via S. Martino e Solferino, 13

19 Chiesa di Santa Maria dei Servi ★★ [C4]

Die zwischen 1372 und 1390 auf Geheiß von **Fina Buzzacarrini**, der Ehefrau Francescos I. da Carrara, erbaute Chiesa di Santa Maria dei Servi befindet sich im Vicolo dei Servi und hat ihren Eingang an der Via Roma. In ihr schlummern **großartige Meisterwerke der Kunst**, darunter ein Kruzifix von Donatello. Die heutige **Pfarrkirche** wurde früher vom Orden der Diener der Maria geführt und auf den Ruinen des Palazzo des Nicolò da Carrara errichtet. Im Laufe des 16. Jahrhunderts wurde das Gebäude umfangreich verschönert. 1511 entstanden das Eingangsportal und der Portikus zur Via Roma.

Das Gotteshaus hat eine stolze Länge von 57 m und eine Breite von 17 m und wird von einer polygonalen Apsis abgeschlossen, die zwei Kapellen flankieren. Die Kirche ist mit einer **Giebelfassade** mit Bögen und Pilastern ausgestattet, dazwischen befinden sich Monoforien, sprich drei einzelne hohe Fenster. Die Türen sind aus dem 15. Jahrhundert.

Interessant und Blickfang zugleich ist der rechts befindliche barocke **Altar der Addolorata**, der mit einer herrlich großen Blättergirlande aus Carrara-Marmor, Bronzen und polychromen Marmoren geschmückt ist. Links und rechts befinden sich die beiden lebensgroßen **Statuen** „San Filippo Benizzi" und „Santa Giuliana Falconieri". Der wunderschön von Rinaldino di Francia gefertigte **„Angelo disteso"** („Liegender Engel") mit auf die heilige Jungfrau Maria gerichtetem Blick hält ein Band mit der Aufschrift: „Gemitus matristuae ne obliviscaris" („Vergiss nicht die Schmerzen deiner Mutter"). Die Wand neben dem Altar wird von Fresken aus dem 14. Jahrhundert und einem kleineren Altar mit dem heiligen Antonius aus dem 18. Jahrhundert geschmückt. Über dem kleinen Taufbecken befindet sich ein Bild von Alessandro Maganza.

Außer interessanten **Fresken von Girolamo del Santo** und zwei großen Werken des Malers **Matteo Ghidoni** ist vor allem der am Ende der Kirche befindliche **Hochaltar** mit einem Altarbild von Luca da Reggio aus dem Jahr 1637 interessant. Er steht im Presbyterium, das mit einem Barockdach ausgestattet ist. Ebenfalls sehenswert ist das fast zwei Meter hohe **Kruzifix mit Jesusfigur** aus Pappelholz in der linken Seitenkapelle, das von **Donatello** stammt. 1512 soll es zu einem Wunder gekommen sein, als zwei Wochen lang Blut aus dem Gesicht der Figur lief. Das Bild in der Kapelle stammt von Matteo Ghidoni und zeigt eindrucksvoll die Stadt Padua und die Euganeischen Hügel sowie den Wohltäter Bartolomeo Campolongo. In der rechten Kapelle befinden sich ein Altar aus dem 16. Jahrhundert und Hochreliefs aus dem 14. und 15. Jh.

› Vicolo dei Servi, 3, Tel. 0498750781, Eintritt: frei

An der Specola treffen die Kanäle Naviglio und Tronco Maestro aufeinander

20 Castello Carrarese mit Specola ★★★ [B5]

Rund 1,9 km südlich des musealen Palazzo Cavalli befindet sich das **Schloss Carrarese.** Das im 14. Jh. nach etlichen Bauphasen fertiggestellte Castello wurde als Festung strategisch ideal zwischen dem Kanal Naviglio und dem äußeren Hauptkanal Tronco Maestro des Flusses Bacchiglione erbaut. Bereits im 9. Jh. stand hier eine **römische Festung** mit einem von einer Mauer umschlossenen Wehrturm, der auf die Zeit zwischen dem 9. und 11. Jh. datiert wird.

Ezzelino III., der von 1237 bis 1256 als Tyrann über Padua herrschte, begann 1237 mit dem Bau des heutigen Castello, das **zwei Türme** aufweist. Letztere wurden nach ihrem Erbauer, dem Mailänder Architekten Zilio, im Volksmund „le Zilie" genannt und erlangten traurigen Ruhm, denn Ezzelino nutze vor allem den größeren, den Torlonga, als **Kerker**, in dem es bestialische Folteranlagen gab. Selbst Zilio soll darin sein Leben gelassen haben. Als die **Guelfen** die Stadt eroberten, befand sich Ezzelino im mantuanischen Gebiet, um es zu verwüsten. Am 16. September 1295 trug er in Cassano d'Adda bei einer Schlacht schwere Verletzungen davon, wurde gefangengenommen und nach Soncino gebracht. Dort starb er am 27. September im Alter von 65 Jahren, nachdem er eine medizinische Versorgung und die Sakramente ablehnte.

Im Torlonga-Turm sollen sich bei der Öffnung der Gefängnisse 464 Gefangene und ebenso viele Skelette befunden haben. Das Castello stand danach bis zur zweiten Hälfte des 14. Jh. leer, als die **Carraresi** es vereinnahmten. Sie modifizierten die Burg, ließen die beiden Türme im Schachbrettmuster in den Farben Rot und Weiß bemalen und versahen die Innenräume des Schlosses mit Fresken. In der Mitte des Schlossplatzes wurde ein **Brunnen** gebaut, in den das Datum 12. Juni 1374 und „Francesco settimo del Carrara, principe di Padova, costruttore di questo edificio" („Francesco der Siebte von Carrara, Prinz von Padua, Erbauer dieses Gebäudes") eingemeißelt wurde.

020pa-sm

Guelfen und Ghibellinen

Vom dem 12. Jh. bis zur den Signorien im 14. Jh. gab es im mittelalterlichen Italien im Großen und Ganzen zwei politische Fraktionen: Man bekannte sich zu den Guelfen, den Anhängern des Papsttums, oder zu den Ghibellinen, den Anhängern des Kaisertums. Beide politischen Mächte konkurrierten vor allem territorial auf Stadtbasis miteinander, weshalb es häufig zu kriegerischen Auseinandersetzungen kam. Zu den ghibellinischen Städten gehörten mitunter Assisi, Cremona, Genua, Modena, Pisa und Siena, zu den guelfisch regierten Städten Bologna, Brescia, Florenz, Mantua, Orvieto und Perugia. Padua, Ferrara, Bergamo, Mailand, Lucca, Verna, Piacenza und Parma hingegen wechselten die politischen Seiten.

043pa-sm

Zwischen dem 15. und 18 Jahrhundert wurde die Piazza Castello unter der Herrschaft der **Venezianischen Republik** für militärische Übungen und Hinrichtungen genutzt. Mit dem Bau der Stadtmauer minimierte sich der strategische Wert der Festung, deshalb planten die Venezianer die Errichtung einer neuen Festungsanlage östlich der Mauer, die jedoch nie vollends gebaut wurde.

Am 21. Mai 1761 erließ der Senat der Republik Venedig ein Dekret, dass an der Universität von Padua ein **astronomisches Observatorium** eingerichtet werden solle, an dem auch zukünftige Astronomen ausgebildet werden sollten. 1777 wurde die Umwandlung des Torlonga-Turms, später **Specola** genannt, zur Sternwarte beendet. Der achteckige Saal im oberen Stock wurde von September 1772 bis 1773 von **Giacomo Ciesa** mit astronomischen Motiven und berühmten Persönlichkeiten bemalt. 1773 erhielt der Astronom und Meteorologe Giuseppe Toaldo die Erlaubnis, einen **Blitzableiter** am Turm anzubringen. Erst 1750 war dieser von Benjamin Franklin erfunden worden. Gegen Ende des 18. Jh. befanden sich bereits Ziffernblätter, Pendeluhren, Teleskope und Instrumente zur Messung der Himmelskoordinaten in der Specola.

1916, im **Ersten Weltkrieg**, wurde der Turm mitsamt der verbliebenen Instrumente für den Sichtungsdienst feindlicher Flugzeuge beschlagnahmt, 1919 aber der Universität von Padua zurückgegeben.

Während des 20. Jh., insbesondere nach dem **Zweiten Weltkrieg**, wurde das Schloss erneut als Gefängnis

Dante Alighieri nahm auf Seiten der Guelfen am politischen Machtkampf teil

genutzt. Seit 1942, als in Asiago ein neues Observatorium errichtet wurde, ist der Turm in Padua keine Sternwarte mehr. Stattdessen wurden einige Räume zu einer Bibliothek und einem Archiv umfunktioniert und seit 1994 ist in der Specola das **Museo La Specola – Osservatorio Astronomico di Padova** beheimatet, in dem astronomische Instrumente ausgestellt werden. Der Turm hat eine Höhe von 49,53 m (mit Blitzableiter 53,30 m). 252 Stufen führen auf einer alten Treppe vom Erdgeschoss über eine Loggia nach oben.

Erst seit der kulturellen Wiederentdeckung der Signoria Da Carrara (s. S. 33) wird die Anlage offiziell **Castello Carrarese** genannt. Im Erdgeschoss des Schlosses befindet sich ein Raum mit herrlichen **Papagei-Fresken.** Es soll sich um das Esszimmer des Prinzen von Padua gehandelt haben. Aus den Chroniken geht hervor, dass sein Kopfschmuck mit den Federn exotischer Vögel bestückt war. Aktuell werden die Räumlichkeiten des Schlosses **restauriert und saniert.** Danach sollen sie ein kulturelles Zentrum werden.

› Piazza del Castello, 16, Tel. 0498205611, www.padovanet.it/informazione/castello-carrarese, www.beniculturali.inaf.it/musei/padova. Das Schloss kann nicht besichtigt werden.

› **Museo La Specola – Osservatorio Astronomico di Padova,** Vicolo dell'Osservatorio, 5, Tel. 0498293449, www.oapd.inaf.it/museo, geöffnet: Okt–April Sa/So 16 Uhr, Mai–Sept. Sa/So 18 Uhr, an Feiertagen geschlossen, Eintritt: 8 €. Eintrittskarten gibt es im Oratorio di San Michele (21). Nicht für gehbehinderte Personen geeignet, da kein Aufzug existiert. Auch Menschen mit Herzkrankheit und Schwindelanfällen ist vom Besuch eher abzuraten.

Die südliche Altstadt

In der südlichen Altstadt befinden sich der 1545 gegründete **Botanische Garten** (27), der auf 22.000 m² rund 6000 Pflanzenarten beheimatet, zahlreiche **Kirchenschmuckstücke** aus allen Epochen und der **Prato della Valle** (25), einer der größten Plätze Europas, an dem sich unter anderem die **Abbazia di Santa Giustina** (26) befindet.

Von hier schon in Sichtweite steht das bekannteste und wichtigste Gotteshaus Paduas: die **Basilica di Sant'Antonio** (28), die mit ihren zahlreichen Kuppeln schon von Weitem beeindruckt. Das Innere ist mit einer Vielzahl an Meisterwerken bekannter Künstler ausgeschmückt, unter anderem von Donatello, der auch die große Reiterstatue **Gattamelata** (29) schuf. Neben der imposanten Basilika befindet sich das **Oratorio di San Giorgio** (30) mit einer schönen Wandbemalung von Altichiero da Zevio aus dem 14. Jahrhundert. **Souvenirshops** reihen sich rund um die Sehenswürdigkeiten auf und kleine, gemütliche **Cafés** laden zum Entspannen ein.

021pa-sm

⊡ *Der Prato della Valle* (25) *lädt zum Verweilen ein*

㉑ Oratorio di San Michele ★★ [B5]

Eine der beeindruckendsten Kirchen Paduas ist das Oratorio di San Michele aus dem Jahr 1397, das sich nur wenige Schritte vom Torlonga-Turm des Castello Carrarese ⑳ außerhalb der alten Stadtmauern befindet. Das Gebäude wurde auf den Resten der Kirche **Santi Arcangeli** gebaut, nachdem diese 1390 während der Stadteroberung zwischen den Visconti und Carraresi durch einen Brand beschädigt worden war.

Das Oratorio ist Teil des Projekts **„Urbs Picta"** („Gemalte Stadt"), mit dem sich Padua für die Aufnahme ins UNESCO-Weltkulturerbe beworben hat, denn in der Kapelle im Inneren beeindruckt es mit einem **herrlichen Freskenzyklus von Jacopo da Verona** (1355–1443), der Szenen aus dem Leben der heiligen Jungfrau zeigt.

Äußerlich sieht man dem Oratorium seine Pracht kaum an. Zwei hohe, lanzettförmige **Fenster** schmücken zusammen mit einem runden Rosettenfenster die Fassade. **Blendarkaden** betonen dezent den über das Gebäudedach hinausgehenden **Giebel**, auf dem mittig ein Kreuz angebracht ist.

Noch vor dem Eingang der Kapelle ist an der Innenwand ein **Epigraph** für Pietro di Bartolomeo de Bovi, den Erbauer des Oratorio, und Jacopo da Verona zu sehen. Das **Innere** zieht dann den Blick des Betrachters sofort auf die Fresken und den teilweise in ocker-grau gehaltenen und mit geometrischen Mustern ausgekleideten Fußboden. Bei genauerem Betrachten der Fresken fällt auf, dass da Verona stilistische Merkmale der großartigsten Künstler des 14. Jahrhunderts wie Giotto, Jacopo Avanzi, Giusto de' Menabuoi und Altichiero aufgreift.

Besonders nahe kommt er dabei **Giusto de' Menabuoi**, sodass seine Arbeiten von Experten oftmals nicht eindeutig zugeordnet werden können. Aber auch die besonderen stilistischen Merkmale **Giottos**, der blaue Himmel und das Volumen der Figuren und Gewänder durch die Hell-Dunkel-Technik, werden von da Verona aufgegriffen.

Die größte Fähigkeit des Künstlers ist jedoch, die Räumlichkeit und Perspektive von Handlungen und Objekten nach den Grundideen von **Altichiero** und **Giusto de' Menabuoi** darzustellen. So wird der Blick des Betrachters oftmals nach unten gelenkt. Eines der besten Beispiele für das Zusammenspiel der verschiedenen Künstlerstile sind die Szenen Himmelfahrt und Pfingsten (Pentecoste und Ascensione).

Ein da Verona zugeschriebener Stil ist zudem der Verzicht auf Räumlichkeit und Perspektive bei Hintergrundlandschaften. Besonders deutlich wird dies bei Hügeln und Bergen, die die Szene in ihrer Weite eher beschränken, als sie zu öffnen. Andererseits werden Flora und Fauna, aber auch Gesichtszüge virtuos und sehr real darstellt. In der Szene der Prozession der Könige sind zum Beispiel die Gesichter der Könige mit einer solchen Natürlichkeit gemalt, dass darin die Herrscher Paduas, Francesco I. da Carrara und sein Sohn Francesco Novello da Carrara, erkannt werden können. Da Verona malte Personen überwiegend im Profil, jedoch mit einer starken Lebendigkeit und Natürlichkeit, die wiederum zu Giotto zurückzuführen ist.

1815 musste das Oratorium geschlossen werden, da es vom Ver-

Malerei der italienischen Renaissance

Die italienische Renaissance begann mit der Frührenaissance um 1420 in Florenz, erlangte dann um 1500 ihre Blütezeit mit der Hochrenaissance und ging schließlich um 1520 in die Spätrenaissance, auch Manierismus genannt, über. Vorbereiter der Renaissance war Giotto, der das byzantinische Mosaik durch das Fresko ablöste, das in der italienischen Renaissance die hauptsächliche Ausdrucksform bildlicher Kunst werden sollte. Neue Maltechniken wie die Hell-Dunkel-Technik (Chiaroscuro), die voluminöse Ausgestaltung von Körpern, die Perspektivmalung, der blaue Himmel als Hintergrund und Trompe-l'œil, die Illusionsmalerei, hielten Einzug. Dafür verschwanden immer mehr die typischen byzantinischen Stilmerkmale wie die wie Gabeln aussehenden Hände, die gekrümmten spitzen Nasen, die Zweidimensionalität und die monumentalen Körper, die Statuen gleichen. Giottos Zeitgenossen Duccio di Buoninsegna und Simone Martini hielten vorerst an byzantinischen Stilformen fest, wobei Simone Martini mit seinem „Condottiere" das erste nichtreligiöse Werk schuf. Ambrogio Lorenzetti dagegen bediente sich der realistischen Allegorienmalerei mit bürgerlichen Szenen.

Von 1370 bis 1430 blühte auch die Internationale Gotik auf, bei der Madonnen-Skulpturen, Tafel-, Wand- und Buchmalereien im Vordergrund standen. In der Frührenaissance schufen Künstler wie Masaccio, Brunelleschi, Donatello, Fra Angelico, Mantegna, Botticelli, Signorelli und Lippi eindrucksvolle Meisterwerke. Die Porträtmalerei nahm durch Ghirlandaio zu und es begann die Hochrenaissance mit der Idee der vollkommenen Schönheit, die weitere großartige Künstler wie Leonardo da Vinci, Michelangelo, Raffael, Andrea del Sarto, Antonio da Correggio, Giovanni Bellini, Giorgione und Tizian hervorbrachte. Letzterer erlebte den Übergang zur Spätrenaissance, wobei er die venezianische Malerei, die in der Hochrenaissance bereits ihre Blütezeit hatte, bis zur Vollkommenheit weiterentwickelte. Tizian folgten Veronese, Pontormo, Rosso Fiorentino, Giulio Romano, Parmigianino, Agnolo Bronzino, Jacopo Tintoretto, Francesco Primaticcio und Rosso Fiorentino, die immer mehr von dem Ideal der Schönheit abrückten und realistische Gemälde anfertigten. Mit Michelangelo Merisi da Caravaggio wurde schließlich der Barock mit neuen stilistischen Merkmalen eingeleitet.

Detail der Ausmalung in der Scrovegni-Kapelle 2

022pa-sm

fall gekennzeichnet war. Die Fresken konnten dank der Hilfe des Adligen Tommaso Soranzo jedoch erhalten werden und 1871 wurde das Gebäude nach einer vollständiger Restaurierung wiedereröffnet. In der Folge musste das Gebäude allerdings noch mehrfach wegen nötiger Renovierungen schließen, u.a. um die Fresken vor aufsteigender Feuchtigkeit zu schützen. Dabei wurden die Fresken des westlichen und nördlichen Teils der Kirche in den 1970er-Jahren auf Aluminiumplatten angebracht.

› Riviera Tiso da Camposampiero, 32, Tel. 049660836, www.padovanet.it/informazione/oratorio-di-san-michele, geöffnet: April–Sept. Di–Fr 10–13, Sa/So 10–13, 16–19 Uhr, Okt.–März Di–Fr 10–13, Sa/So 10–13, 15–18 Uhr, Eintritt: 4 €, ermäßigt 3,50 €

22 Santuario di San Leopoldo Mandić ★ [B8]

Unmittelbar hinter der Parrocchia della Santa Croce 23 befinden sich das Mitte des 16. Jh. errichtete Kloster und die 1581 erbaute Kirche der Kapuziner, die unter der Bezeichnung Santuario di San Leopoldo Mandić bekannt sind. Der Name geht auf den 1983 heiliggesprochenen Kapuzinerpater **Leopoldo da Castelnuovo,** auch bekannt als **Bogdan Ivan Mandić,** zurück, der sich täglich bis zu 15 Stunden lang auf dem Beichtstuhl die Sorgen und Verfehlungen der Menschen anhörte. Er starb am 30. Juli 1942. Zwei Jahre später wurde die Kirche bei einem Bombenangriff bis auf den Beichtstuhl zerstört.

Von 1945 bis 1948 wurde das Gotteshaus unter der Federführung des Architekten Morassutti wieder aufgebaut und dabei stark verändert. Heute besteht die Kirche aus einem einfach gehaltenen Hauptschiff mit vier Seitenkapellen.

Das Ende des Hauptschiffs zieren kleine, mit Gemälden aus dem 17. und 18. Jahrhundert geschmückte Chöre. Ein Gemälde aus dem 16. Jahrhundert im Klosterrefektorium wird Paolo Veronese zugeschrieben. Auch eine Mönchszelle und das Grab des heiligen San Leopoldo sind zu sehen.

Der unversehrte Beichtstuhl gilt als Wunder und zieht heute viele Gläubige an, deshalb ist das Santuario **eine beliebte Wallfahrtsstätte.**

› Piazzale Santa Croce, 44, Tel. 0498802727, www.leopoldomandic.it, geöffnet: Mo–Fr 7–8.30, 10–11.30, 16–18, Sa 16–18 Uhr, Eintritt: frei

23 Parrocchia della Santa Croce ★ [B8]

Die einschiffige Parrocchia della Santa Croce befindet sich rund 500 m südwestlich des bekannten Platzes Prato della Valle und geht auf das 12. Jahrhundert zurück, wurde jedoch zwischen 1737 und 1745 komplett erneuert. Sie weist eine durch Halbsäulen dreigeteilte helle Fassade mit zwei kleinen Türmchen auf und ist außen wie auch innen komplett im Stil des **Rokoko** gehalten.

Das **Oratorio del Redentore** mit seinem aus dem 16. Jh. stammenden Freskenzyklus von Domenico Campagnola und Girolamo dal Santo macht die Kirche zu einem Schmuckstück. Der Fußboden ist im weiß-beigen Schachbrettmuster gehalten. An der rechten Seite ist eine überlebensgroße Figur des gekreuzigten Jesus zu bewundern.

› Corso Vittorio Emanuele II, 166, Tel. 0498801438, www.santacrocepd.it, geöffnet: Mai–Juni, Sept.–Okt. Di 16–18, Do 10–12 Uhr, Eintritt: frei

24 Chiesa Santa Maria del Pianto (Parrocchia Madonna Addolorata al Toressino) ★ [C6]

Die 1718 nach Plänen des Architekten Girolamo Frigimelica begonnene Kirche Santa Maria del Pianto, die sich nur wenige Schritte nordwestlich des Prato della Valle zwischen der Via Andrea Memmo und der Via Seminario befindet, ist im venezianischen Spätbarock aus dem 18. Jahrhundert gehalten und auch als **Parrocchia Madonna Addolorata al Toressino** bekannt. Sie wurde neben dem „Toressino", einem später abgerissenen Turm des Castello Carrarese 20, errichtet und ersetzte ein Oratorium. Der mittelalterliche Turm enthielt eine **Darstellung der Jungfrau Maria**, einer Pietà, die 1450 Wundersames vollbracht haben soll, wodurch sich auch der Name der Kirche erklärt.

Die Einweihung des Gotteshauses fand 1726 statt. Bis 1808 fungierte es als Heiligtum, dann wurde es in eine Pfarrkirche umgewandelt und ersetzte damit zugleich die Kirche San Michele Arcangelo, die ihre Andachtsrolle verlor.

Die rötlich gehaltene und wirklich beeindruckend schöne **Fassade** ist ein Entwurf des Genuesen Filippo Parodi, dem Schöpfer der Reliquienkapelle der Basilica di Sant'Antonio 28. Während das Innere der Kirche barocke Merkmale aufweist, ist die Fassade im Renaissance-Stil gehalten. Dominierend sind die vier **korinthischen Halbsäulen**, zwischen denen sich drei Portale befinden, wobei das mittlere den Haupteingang darstellt.

Gekrönt wird die Fassade von einem enormen **Tympanon** mit dem Hochrelief „Jesus in Frömmigkeit unter Engeln" von Francesco Bonazza. Auch die sich auf dem Tympanon befindlichen Statuen von Maria, Johannes dem Evangelisten, dem Kreuz Christi mit Engeln, Maria Magdalenas sowie von Longinus werden Bonazza zugeschrieben. Interessant ist, dass auch an den Toressino erinnert wird. So wurden ein **Glockenturm**, der an den alten Turm erinnern soll, und eine verborgene **Kuppel** mit einem mit Zinnen versehenen Tiburio in den Bau integriert.

Das **Innere der Kirche** ist mit weißem Gips und Gestein aus Costozza ausgekleidet. Vom rechteckigen Atrium gelangt man durch einen hohen Rundbogen in das kreisförmige Hauptschiff, in dessen Mitte das erhöhte, von acht korinthischen Säulen umgebene **Presbyterium** steht. Auf den Säulen befindet sich der mit Szenen aus dem Leben Jesu dekorierte Tambour, der die versteckte Kuppel trägt. Darüber sind die vier Propheten Moses, Daniel, Jesaja und David zu sehen.

Die rötlichen, gesprenkelten und marmorierten **Bodenfliesen** rund um das Presbyterium sind mit dem geometrischen Muster des Presbyteriums und dem auf das Presbyterium gerichteten Hochaltar farblich perfekt abgestimmt.

Interessant sind auch das Freskenelement der Pietà an der Wand hinter dem Altar sowie die beiden Steinskulpturen „San Giovanni Evangelista" und „Santa Maria Maddalena" von Giovanni Bonazza, die sich links und rechts befinden.

Vom Atrium aus gelangt man in drei in das Hauptschiff eingefügte **Seitenkapellen.** In der linken Kapelle befindet sich der Altar der Geburt Jesu mit einem Altarbild von Guy Louis Vernansal. Die rechte Kapelle ist der Geburt Marias geweiht, die zentrale beherbergt den Hochaltar.

MEIN TIPP

Teatro Torresino

Gegenüber der Kirche Santa Maria del Pianto (24) befindet sich das Teatro Torresino (s. S. 93), das neben Theateraufführungen auch Musikshows anbietet. Einige Aufführungen finden in venetischem Dialekt statt.

Im **kreisrunden Hauptschiff** sind Statuen zu sehen, welche die wichtigsten Tugenden der katholischen Kirche wie Reinheit, Geduld, Jungfräulichkeit, Demut, Klugheit, Nächstenliebe, Keuschheit und Unschuld repräsentieren. Vom Atrium aus gelangt man in die frühere Sakristei, die heute als **Winterkapelle** dient. Dort befinden sich unter anderem das Gemälde des „Ewigen Vaters", ein hölzernes Relief von Amleto Sartori aus dem Jahr 1940 und eine hölzerne Statue des San Francesco di Paola aus dem 18. Jahrhundert.

› Via Andrea Memmo, 47, www.parrocchiadeltorresino.it, Tel. 0498758525, geöffnet ist zu den Messen, die Tür wird kurz vorher aufgeschlossen, die Uhrzeiten der Messen sind an der Tür angeschlagen, Eintritt: frei

(25) Prato della Valle ★★★ [C6]

Der im Herzen Paduas befindliche Prato della Valle („Talwiese") ist nicht nur einer der sehenswertesten Plätze Italiens, sondern mit stattlichen 88.260 m² auch **der größte innerstädtische Platz Europas.** Gesäumt wird er von opulenten Stadthäusern, der Abbazia di Santa Giustina (26), einer Ringstraße und Geschäften. Bereits im Römischen Reich wurde der Platz mit **elliptischem Grundriss** für Veranstaltungen, Märkte, Pferderennen und später auch Messen und Wochenmärkte genutzt. Am nordöstlichen Teil befand sich das **Theater Zairo,** das unter dem römischen Kaiser Augustus erbaut wurde und etwa 6400 Zuschauer fassen konnte. Von ihm ist heute aber leider nichts mehr zu sehen.

In der Mitte des Prato della Valle befindet sich die von einem Kanal umflossene **Insel Memmia** mit ihrem Springbrunnen. Um ihn herum laden etliche Bänke unter Spitzahorn und Platanen zum Verweilen ein. Hier gedeiht auch eine Wiese, der Rest ist betoniert. Das Highlight sind jedoch die **78 lebensgroßen Statuen,** die

024pa-sm

den Platz in zwei Reihen säumen. Die aus weichem Kalkstein geschaffenen Statuen, von denen es ursprünglich 84 gab, wurden zwischen 1775 und 1838 von unterschiedlichen Bildhauern kreiert und sind bedeutenden Personen gewidmet, die mit Padua in Verbindung standen. Jeder konnte so eine Statue in Auftrag geben und sie sogar mittels Ratenzahlung abstottern. Nicht alle Statuen sind heute noch im Original vorhanden. Einige wurden während des Zweiten Weltkriegs zerstört und ersetzt, andere durch die Witterung beschädigt und mussten restauriert werden.

Der bis ins Mittelalter Campo Marzo genannte Platz erhielt seinen heutigen **Namen** erst im 12. Jh. Er wurde wegen seiner Märkte auch Valle del Mercato und zu Zeiten des Königreichs Italien (1861–1946) Piazza Vittorio Emanuele II genannt. Die Padovani nannten ihre Piazza jedoch nur **Prà**. Im Mittelalter diente der Platz hauptsächlich als Ort für religiöse Veranstaltungen, Feste und Aufführungen. So hielt 1239 der Politiker und Schriftsteller **Pier della Vigna** eine Rede zu Ehren Kaiser Friedrichs II. Er war unter anderem kaiserlicher Botschafter in den Gemeinden Norditaliens und am päpstlichen Hof. 1257 fand das erste **Pferderennen** statt, das an die Befreiung von der Tyrannei von Ezzelino III. da Romano erinnern sollte.

Da der Platz in einer Senke und somit niedriger als der Rest der Stadt liegt, wurde er im Laufe der Zeit und nach der Überschwemmung der Brenta im Jahr 589 zu einem sumpfartigen Areal. Dem Benediktinerkloster, welchem zu jener Zeit ein Teil des Platzes gehörte, fehlten die finanziellen Mittel zur Trockenlegung, weshalb der Prà schließlich von den Venezianern übernommen wurde, was einer Enteignung der Mönche gleichkam. 1775 begann man mit der Neugestaltung des Platzes. Nach der Trockenlegung begann unter **Andrea Memmo**, dem Prokurator von San Marco (Ver-

Die Loggia Amulea am Prato della Valle

Zwischen dem Prato della Valle und der Insel Memmia verläuft ein Kanal

MEIN TIPP

Genüssliche Abkühlung

Vor der **Gelateria Portogallo** (s. S. 91) nur wenige Schritte nördlich des Prato della Valle bilden sich regelmäßig lange Schlangen. Kein Wunder, denn sie ist ausgezeichnet, egal ob für einen großen Eisbecher oder nur für ein Eis „auf die Hand".

walter und Staatsanwalt, höchstes Amt nach dem Dogen), der Bau der Insel Memmia. Das Wasser des Flusses Bacchiglione wurde unterirdisch in einem Kanal vom Stadttor Porta Santa Croce bis zur mit vier Papststatuen geschmückten **Ponte dei Papi** geleitet, der Brücke, die in Richtung Santa Giustina zeigt. Aus den damaligen Plänen geht hervor, dass die Insel eiförmig mit Geschäften und Pavillons angelegt werden sollte. Allerdings wurde dies nicht durchgesetzt und es wurden stattdessen Platanen gepflanzt, die zum Teil heute durch Ahornbäume ersetzt wurden.

Noch heute dient der Prato della Valle als **Ort für Veranstaltungen, Konzerte und Demonstrationen** und der jährlich ausgetragene **Marathon** Maratona Sant'Antonio endet auf der Piazza. Jeden Samstag findet ein großer **Wochenmarkt** statt und jeden dritten Sonntag im Monat ein **Antiquitäten- und Trödelmarkt.**

26 Abbazia di Santa Giustina ★★★ [D7]

Die sich direkt am Prato della Valle befindende, am 14. März 1606 eingeweihte Abbazia di Santa Giustina gehört mit einer Länge von 122 m und einer Breite von 82 m zu den **größten Kirchen der Welt.** Sie ist heute in Staatsbesitz und einer der wichtigsten Sakralbauten Paduas. Nach Meinung verschiedener Wissenschaftler wurde sie auf Resten eines heidnischen Tempels und Friedhofs gebaut.

Im Verlaufe einer grausamen **Christenverfolgung** starb die junge paduanische Patrizierin **Justina**, Tochter des Präfekten von Padua, Maximus Vitalianus, den Märtyrertod. Zu Ehren des Mädchens ließ ihr Vater den ersten Teil der Kirche errichten, der später zur ersten Kathedrale der christli-

026pa-sm

Das eindrucksvolle Taufbecken der Abbazia di Santa Giustina

025pa-sm

chen Stadt werden sollte. Nach dem Bau der Kirche erfolgte die Angliederung an das nebenstehende Benediktinerkloster. Mit den Jahren wurde der Gebäudekomplex mit Gütern und Reliquien ausgestattet.

1117 zerstörte ein **Erdbeben** die Kirche fast vollständig, was zu einem hastigen Neuaufbau führte. 1502 wurde sie schließlich fast komplett abgerissen, um die heutige Abbazia mit **fünf Kreuzgängen** zu bauen, die im Zeitraum zwischen 1532 und 1579 entstand. An dem Bau waren verschiedene Architekten beteiligt, darunter Andrea Moroni und Andrea da Valle. In der **napoleonischen Zeit** wurde die Kirche geplündert und die Mönche wurden vertrieben. 1810 erfolgte die Umwandlung der Konventsgebäude in Kasernen.

1909 wurde die Abbazia von Papst Pius X. zu einer **kleinen Basilika** erhoben. Im gleichen Jahr wurde die Ikone der Konstantinopolitanischen Madonna feierlich gekrönt. Die griechische Madonna Hodegetria ist ein bestimmter Typus von Mariendarstellungen, der vor dem Ikonoklasmus, insbesondere in Konstantinopel anzutreffen war. 1919 konnte die Abtei von Benediktinermönchen schließlich erneut gegründet werden.

Die dreischiffige Basilika besitzt einen **Grundriss eines lateinischen Kreuzes.** Vier große und vier kleine Kuppeln bedecken das Dach, wobei auf der höchsten Kuppel die Kupferstatue der heiligen Justina thront. Weitere Statuen schmücken die kleineren Nebenkuppeln. Der 82 m hohe **Glockenturm** ist aus dem 18. Jahrhundert und trägt sieben Glocken. Die imposante **Fassade** mit der Bronzetür und dem gewaltigen Rosettenfenster, die eigentlich in weißem Marmor hätte glänzen sollen, ist unvollendet geblieben. Zwei Greife aus Verona-Marmor aus dem 13. Jahrhundert befinden sich unmittelbar vor der Fassade auf dem Platz.

Das **Innere der Basilika** ist weitläufig und mit seiner ausdrucksstarken Renaissancearchitektur beeindruckend. Der **Fußboden** wurde von 1608 bis 1615 mit einem hübschen kaleidoskopischen Effekt in gelbem, blauem und rotem Marmor angelegt.

Die Abbazia di Santa Giustina hat insgesamt acht Kuppeln

Mein Tipp

Kräuterprodukte aus der alten Apotheke

Am Ende des südlichen Querschiffs im Korridor der Märtyrer (Corridoio dei Martiri) befindet sich die **alte Klosterapotheke,** die neben religiösen Gegenständen, Büchern und Broschüren über die Geschichte und Kunst des Klosters auch verschiedene Kräuterprodukte anbietet. Darunter auch das **Öl von Santa Giustina,** das als Heilmittel gilt. Es besteht unter anderem aus reinen ätherischen Ölen verschiedener Blühpflanzen und wird kalt extrahiert. Nach Angaben der Mönche, die es herstellen, soll es äußerlich angewendet Gelenk- und Muskelschmerzen lindern können, Körper und Geist entspannen sowie ideal für Massageanwendungen sein. Weitere Informationen zu den Produkten sind vor Ort, auf Anfrage per E-Mail unter ordiniosantagiustina@gmail.com oder telefonisch unter 0498220446 möglich.

027pa-sm

Das große **Holzkruzifix,** das sofort ins Auge fällt, stammt aus der ersten Hälfte des 15. Jahrhunderts. Die Kirche ist reich mit **Kunstwerken** von Paolo Veronese, Sebastiano Ricci, Luca Giordano und der Familie Corbarelli geschmückt. Zudem befinden sich im Pozzo dei Martiri, einem Brunnen, der 1566 erbaut wurde, zahlreiche berühmte **Reliquien.**

Die **Votivkapelle Sacello di San Prosdocimo** mit einem griechischen Kreuz als Grundriss wurde Ende des 6. Jahrhunderts erbaut und ist mit Marmor und Mosaiken ausgeschmückt. Sie ist das einzige Überbleibsel der alten Basilika. Ebenfalls bemerkenswert sind die **Marmorgruppe „Pietà"** von Filippo Parodi aus dem Jahr 1689, die in der 1462 erbauten Sakristei befindlichen alten Holzmöbel aus dem 17. Jahrhundert, der herrlich geschnitzte und dekorierte Chor von Richard Taurigny di Rouen aus dem Jahre 1555, das Altarbild „Martirio di Santa Giustina" von Paolo Veronese von 1575, die Fresken von Sebastiano Ricci in der Kapelle links vom Presbyterium und die zahlreichen Ausschmückungen mit Engeln, Figuren und Malereien bekannter Künstler. Ursprünglich enthielt die Basilika auch ein Werk von Andrea Mantegna, das sich heute jedoch in der Pinacoteca di Brera in Mailand befindet. Die **Sakristei** schmückt ein Kronleuchter aus dem 18. Jahrhundert, der komplett aus Murano-Glas besteht.

› Via Giuseppe Ferrari, 2/A, Tel. 0498220411, www.abbaziasantagiustina.org, geöffnet: tgl. 7.30–12, 15–18 Uhr, Eintritt: frei

Der Fußboden der Abbazia ist in einem geometrischen Muster angelegt

028pa-sm

27 Botanischer Garten (Orto Botanico) ★★ [D6]

Der rund 22.000 m² große und rund 6000 Pflanzenarten umfassende Orto Botanico gilt als **ältester ununterbrochen existierender Botanischer Garten der Welt.** Er wurde vom Architekten Andrea Moroni geplant, 1545 auf dem Gelände eines Benediktinerklosters gegründet und befindet sich noch an seinem Ursprungsort.

Es ist weniger die Größe, die den Orto Botanico zu etwas Besonderem machen, sondern vielmehr das Alter der Anlage und die **seltenen Sammlungen**, die er beherbergt. Als Francesco Bonafede im Zuge der Bildungsreformen Venedigs 1533 das Lectrum Simplicium (**Studium der Pharmakologie**) an der Universität von Padua einführte, wurde ein **Garten für Heilpflanzen** angelegt (Horto medicinale). Diese dienten den damaligen Studenten als Anschauungsmaterial und wurden als erste Pflanzen im 1552 fertiggestellten Botanischen Garten angesiedelt. **Luigi Squalermo,** der erste Kustode der Anlage, erweiterte das Spektrum enorm. Unter seiner Leitung wuchs der Garten auf etwa 1800 Pflanzenarten an. Nach und nach kamen insbesondere durch den regen Handel Venedigs weitere Arten hinzu, eine **Bibliothek** wurde angelegt und **Herbarien** entstanden.

Die Pflanzenvielfalt und deren Nutzen blieb auch der Bevölkerung nicht lange unbekannt. Vor allem die teuren und seltenen Drogenpflanzen aus dem Orient stießen bei so manchem **nächtlichen Dieb** auf Interesse. Es wurden harte Strafen für Beschädigungen und Diebstähle verhängt, die von Strafzahlungen über Gefängnis bis zur Ausweisung aus Padua reichten. Zu Beginn des 18. Jahrhunderts wurden vier monumentale **Eingangsportale** des Botanischen Gartens mit je zwei Steinvasen mit Pflanzen aus Eisen errichtet. Ein **Springbrunnen**

Der Botanische Garten ist für jeden Pflanzenfreund ein Muss schmückte von nun an das Zentrum jedes der **vier quadratischen Beete,** die innerhalb eines Kreises angelegt wurden. Ein weiterer Springbrunnen wurde an der Stelle aufgestellt, an dem sich die beiden Hauptwege kreuzen. Die **umlaufende Mauer** wurde mit weißen Pfeilern, Vasen und Büsten wichtiger Persönlichkeiten verschönert. In späterer Zeit wurde auch das Areal außerhalb der Mauer mit Springbrunnen versehen.

Eine für Studenten erbaute Aula wurde in der ersten Hälfte des 18. Jh. erbaut. Das in der Nähe des heutigen Eingangs befindliche Gebäude stammt aus dem 17. und 18. Jh. und diente als Wohnung des Direktors. Heute beherbergt es im Erdgeschoss Platz für **Ausstellungen** und das **Museum,** im ersten Stockwerk die **botanische Bibliothek,** das **Archiv** und das **Herbarium** mit über 40.000 Arten. Im zweiten Stockwerk sind die Verwaltung und die **Samensammlung** untergebracht.

Der Botanische Garten dient noch heute dem Studium der Pharmazie und der Biologie sowie der Forschung und wurde 1997 von der UNESCO in die Welterbeliste aufgenommen. Er ist in verschiedene **Habitate** unterteilt. Neben einem Alpinum, fleischfressenden Pflanzen und den Heil- und Giftpflanzen gibt es die Habitate Süßwasser, Wüste, Gebirgsregionen und Mediterrane Gefilde. Ein **Orchideenhaus** mit tropischen Pflanzenarten und ein Habitat mit ausschließlich Pflanzen aus und um Padua runden die Sammlung ab. Interessant sind vor allem die beiden großen Exemplare einer **Magnolia grandiflora** in der Nähe des Haupteingangs, der sich nordwestlich befindliche 18 m hohe **Ginkgo biloba** aus dem Jahr 1750, eine aus dem Jahr 1786 stammende Magnolia grandiflora im südwestlichen Sektor, die als **Goethe-Palme** bekannte Chamaeropshumilis, die sich zum Schutz in einem oktogonalen Glashaus nordöstlich vom Haupteingang befindet, und eine aus dem Jahr 1680 stammende **Platane.**

› Via Orto Botanico, 15, www.ortobotanicopd.it, Tel. 90498273939, Öffnungszeiten siehe Website, Eintritt: 10 €, ermäßigt 8 €

☐ *Moderne Wasserspiele im Botanischen Garten*

029pa-sm

030pa-sm

28 Basilica di Sant'Antonio ★★★ [D5]

Die Basilica di Sant'Antonio, die den Beinamen **„il Santo"** („der Heilige") trägt, gehört mit rund 6,5 Millionen Besuchern pro Jahr zu den **meistbesuchten Pilgerstätten Italiens.** Vom Prato della Valle 25 aus kann man bereits die Türme und Kuppeln der enormen Kirchenanlage sehen. Biegt man dann auf die Via Beato Luca Belludi ein, offenbart sich einem die gesamte majestätische Fassade des Komplexes.

An der Stelle, wo die heutige Basilika steht, soll sich einer Legende nach ein Tempel befunden haben, der der **Göttin Juno** geweiht war. Die Padovani brachten ihr Opfer dar, wenn sie eine Schlacht gewonnen oder ein Problem gelöst hatten. Geschichtlich belegt ist dagegen, dass es im Mittelalter an dieser Stelle die kleine Kirche **Santa Maria Mater Domini** gab, die den Franziskanern anvertraut wurde. 1229 wurde neben der Kirche ein Franziskanerkloster gegründet, wahrscheinlich durch den **heiligen Antonius** (s. S. 61), der von 1229 bis 1231 dort residierte. Antonius starb am 13. Juni 1231 in Arcella, einem im Norden liegenden Stadtteil von Padua, und wurde auf seinen Wunsch hin in der Kirche bestattet. Bald darauf bemerkten die Bewohner wundersame Ereignisse, weshalb zuerst die Gläubigen aus den Nachbargebieten begannen, zum Grab von Antonius zu pilgern, und später dann auch Gläubige aus dem Ausland. Am 30. Mai 1232 wurde Antonius von Papst Gregor IX. in der Kathedrale von Spoleto zum Heiligen erhoben.

Ein Jahr nach dem Tod von Antonius begann man mit dem Umbau der Kirche. Sie bildete den Kern (die heutige Kapelle Mora), aus dem die **Ba-**

Frontansicht der Basilica di Sant'Antonio

silika entstand, die 1310 vollendet wurde. 1394 wurde das Gotteshaus aufgrund eines Brands und des Einsturzes eines Glockenturms erneut umgebaut und mit der Zeit wurden einige kleinere Änderungen vorgenommen, zuletzt 2012, als ein Erdbeben rund 3 m² Wandmalereien des Malers Achille Casanova aus Bologna aus dem Jahr 1903 vernichtete.

Die Basilika vereint **verschiedene Architekturstile.** So harmoniert die romanische, 28 m hohe und 37 m breite Giebelfassade hervorragend mit den acht byzantinisch geprägten Kuppeln, die an die Basilika San Marco in Venedig erinnern, den 68 m hohen Glockentürmen, die den Betrachter an Minarette denken lassen, und den drei Bronzetüren an der Hauptfassade, die 1895 nach einer Entwurfszeichnung von Camillo Boito gebaut wurden. Die Strebepfeiler im Inneren der Basilika, die Apsis und die Kapellen sind dagegen im gotischen Stil.

In der **Lünette des Hauptportals** fällt eine vom russischen Maler Nicola Lochoff entworfene Kopie des Freskos „Sant'Antonio e San Bernardino che adorano il monogramma di Cristo" von Andrea Mantegna auf. Das Original befindet sich im angrenzenden Kloster. Der **Kreuzgang Capitolo** offenbart einige interessante Gräber paduanischer Professoren wie Bonjacopo Sanvito und Raniero Arsendi.

Insgesamt ist die Basilika 115 m lang, 55 m breit und an der höchsten Stelle des Innenraums 38,5 m hoch. Der Grundriss ist kreuzförmig und unterteilt sich durch Säulen in drei Schiffe. Im oberen Teil der Wände befinden sich Galerien. Das künstlerisch interessanteste Werk ist das **Presbyterium**, in dem sich die Meisterwerke des berühmten Bildhauers **Donatello** (1386–1466, als Donato di Niccolò di Betto Bardi geboren) befinden. Um Platz für sie zu schaffen, wurde 1448 der erste im gotischen Stil entworfene Altar abgerissen. Insgesamt wurde der Altar fünfmal erneuert und zu-

⌃ *Imposant: die gewaltigen Kuppeln der Basilika*

letzt 1895 durch einen **Hochaltar** von Camillo Boito ersetzt. Bei den Werken Donatellos handelt es sich um die „Madonna col Bambino" und Statuen, die die Heiligen Francesco, Antonio, Giustina, Daniele, Ludovico und Prosdocimo zeigen. Zudem befinden sich im Altarraum 21 Reliefs und ein wundervoller **Kandelaber.** Das imposante **Kruzifix** stammt ebenfalls von Donatello.

Die gesamte Basilika ist mit etlichen Seitenkapellen und Grabmälern ausgestattet, die zwischen dem 15. und 17. Jh. zu Ehren von hochrangigen Gelehrten und Adligen errichtet wurden. Bemerkenswert sind dabei die Sakramentskapelle, die Kapelle des heiligen Jakobus und die Reliquienkapelle. Die 1457 im gotischen Stil erbaute **Cappella del Santissimo** mit dem bildschönen bronzenen Tabernakel von Girolamo Campagna wurde vom Architekten Giovanni aus Bozen im Auftrag von **Giacoma Boccarini da Leonessa**, der Witwe von Gattamelata (s. S. 63), erbaut, die ihren Mann und ihren Sohn Gianantonio hier bestatten ließ. 1651 wurde die Kapelle dem Allerheiligsten (Santissimo) gewidmet und dadurch zur **Cappella del Santissimo** (Sakramentskapelle) ernannt. Unter anderem wurde der vorherige Altar entfernt und eine kleine Apsis hinzugefügt, um den neuen Altar aufzunehmen. Ursprünglich war die Kapelle den Heiligen Francesco und Bernardino gewidmet. Sie enthält Skulpturen von Gregorio d'Allegretto, einem Schüler Donatellos, aus dem Jahr 1458, Fresken von Pietro Calzetta, Matteo del Pozzo und Jacopo Parisati da Montagnana aus dem Jahr 1473 und 14 Bronzestatuen von Pogliaghi. Über dem Altar befand sich ein Altarbild von Jacopo Bellini, das aber im 16. Jh. verschwand.

Die gotische, vom Architekten und Bildhauer Andriolo de Santi entworfene **Kapelle des heiligen Jakobus** im rechten Querschiff der Basilika enthält eine der schönsten Fresken von Altichiero da Zevio aus den Jahren 1377 bis 1379. Die beeindruckende Kreuzigungsgruppe wird von wei-

Antonius von Padua

Antonius von Padua wurde als Fernando Martins de Bulhões am 15. August 1195 in Portugal geboren und ist dort als António de Lisboa bekannt. Nachdem er 1220 in den Franziskanerorden eingetreten war, wählte er den Namen Antonio (Antonius). Er reiste viel und lebte zuerst in Portugal, dann in Italien und Frankreich. 1221 ging er zum Generalkapitel nach Assisi, wo er den heiligen Franziskus von Assisi persönlich sah und hörte. Danach wurde er nach Montepaolo di Dovadola in der Nähe von Forlì geschickt, wo man 1222 zum ersten Mal sein Talent als Prediger bemerkte. Später wurde er nach Bologna und dann nach Padua versetzt.

Von seinen Aufgaben und Reisen geschwächt, zog sich Antonius 1230 von seinen Ämtern zurück. Die letzten Wochen seines Lebens verbrachte er in der Einsiedelei Camposampiero, die etwa 18 km von Padua entfernt war. Kurz vor seinem Tod wurde er auf einem Ochsenkarren zurück nach Padua gebracht, wo er am 13. Juni 1231 im Alter von nur 36 Jahren im Santuario dell'Arcella, das sich nordöstlich des Hauptbahnhofs befindet, verstarb. Ein Jahr später wurde er von Papst Gregor IX. zum Heiligen erklärt und 1946 zum Kirchenlehrer. Antonius galt als bedeutendster Prediger seiner Zeit.

teren Freskenzyklen eingerahmt, die die Geschichte des heiligen Apostels Jakob erzählen.

Die vom genuesischen Architekten und Bildhauer Filippo Parodi geplante **Reliquienkapelle** (Cappella delle Reliquie oder del Tesoro) aus dem Jahr 1691, die davor als Apsiskapelle diente, befindet sich direkt hinter dem Hochaltar. Sie ist prachtvoll im barocken Stil ausgestattet und enthält die Reliquien des Heiligen, kostbare Schmuckstücke, Weihrauchfässer, Gesteine und liturgische Gefäße. Alte Inventare zeugen von einer immensen Pracht und Ausschmückung, die aber 1405 durch die Eroberung Paduas durch venezianische Truppen und 1797 durch die Armee Napoleon Bonapartes überwiegend zerstört wurde. Die Wände sind heute mit von Giovanni Bonazza erschaffenen Grabtafeln, mit Cherubköpfen und Lilien geschmückt. Die barocke **Marmorgruppe „Sant'Antonio in Gloria"**, die den Raum dominiert, wurde von Filippo Parodi entworfen, die Engelsreihen aus Stuck kreierte der im Tessin geborene Pietro Roncaioli.

Die um 1500 begonnene und Ende des 16. Jh. fertiggestellte gotische **Kapelle der Schwarzen Madonna** (Cappella della Madonna Mora) befindet sich im linken Querhaus. Hier soll der heilige Antonius gebetet haben und 1231 beigesetzt worden sein. 1263 wurde er in die Mitte der Basilika umgebettet. Der im gotischen Stil errichtete und mit Skulpturen von Rinaldino di Puydarrieux geschmückte **Altar** besteht aus einem Baldachin mit Höckern, der von vier Säulen getragen wird. Das **Fresko** im Hintergrund zeigt den Propheten Jesaja. An der rechten Wand befinden sich das Mausoleum des 1427 verstorbenen paduanischen Professors für Rechtswissenschaften Raffaele Fulgosi und einige Fresken aus dem 14. Jh. An der linken Wand ist das aus rotem Marmor gefertigte Mausoleum der Familie Rogati-Negri aus dem späten 13. Jahrhundert zu sehen. Zudem ist die Wand mit einigen Werken unbekannter Künstler aus der Bologneser Schule aus dem 14. Jh. und von Giusto de' Menabuoi geschmückt. Der Boden der Kapelle enthält weitere Gräber, unter anderem das von **Lucrezia Dondi dall'Orologio Obizzi**, der Ehefrau des Markgrafen Pius Aeneas II Obizzi, die in der Nacht vom 15. zum 16. November 1654 von Attilio Pavanello in ihrem Schlafzimmer ermordet wurde. Er war ein Freund ihres Ehemanns, der unsterblich in sie verliebt gewesen sein soll, von ihr aber zurückgewiesen wurde.

Die prachtvolle **Kapelle des Seligen Luca Belludi** (Cappella del beato Luca Belludi), die 1382 im Auftrag der Brüder Naimerio und Manfredino Conti erbaut wurde, ist mit 68 herrlichen Fresken von Giusto de' Menabuoi aus dem Jahr 1368 dekoriert und besteht aus einem Kirchenschiff mit einem Kreuzgewölbe und einer kleinen Apsis mit Pavillongewölbe. Sie enthält die sterblichen Überreste **von Luca Belludi** (1200–1286), einem Ordensmann, der dem Franziskanerorden angehörte und von Papst Pius XI. am 18. Mai 1927 den Titel des Seligen erhielt, was bedeutet, dass Belludi durch die Ortskirche Padua verehrt werden darf.

Die Basilika besitzt fünf **Kreuzgänge.** Vier von ihnen sind vom rechten Seitenausgang der Kirche aus zugänglich und schon allein wegen ihrer hübschen Ausgestaltung mit Blumen, Bäumen, Gräbern, Fresken und Skulpturen sehenswert.

› Piazza del Santo, 11, Tel. 0498225652, www.santantonio.org/it/basilica, geöffnet: tgl. 6.15–19 Uhr, Eintritt: frei

Mein Tipp

Abstecher auf einen Spritz

In der Bar Gattamelata kann mit direktem Blick auf die Basilika 28 entspannt unter Arkaden ein Spritz genossen werden. Der beliebte Aperitif wird zumeist aus weißem venezianischen Schaumwein (40 Prozent), Sodawasser (30 Prozent) und einer Spirituose wie Aperol oder Campari gemischt und mit Eis und einer Orangen- oder Zitronenscheibe dekoriert. Dazu werden in der Regel Knabbereien gereicht.

2 [D5] **Bar Gattamelata,** Piazza del Santo, 5, Tel. 0498751365, geöffnet: tgl. außer freitags 7.30–19 Uhr

29 Reiterdenkmal „Gattamelata" ★★★ [D5]

In der Nähe des Eingangs der majestätischen Basilica di Sant'Antonio 28 steht das Reiterdenkmal des **Söldnerführers Erasmo Stefano da Narni** (1370–1443), der – angeblich aufgrund seiner Verschlagenheit – auch **Gattamelata** („gefleckte Katze") genannt wurde.

Die bronzene Statue ist ein Werk von Donato di Niccolò di Betto Bardi (1386–1466), besser bekannt unter dem Namen **Donatello,** der mit dem zehn Jahre älteren Filippo Brunelleschi und Masaccio die florentinische Renaissance einläutete. Inklusive Trachytsockel hat das Denkmal eine Größe von 7,80 x 4,10 m. Die Bronzestatue selbst bringt es auf stolze 3,40 m x 3,90 m.

Gattamelata stand zunächst im Dienst der Republik Florenz, kämpfte dann für die Kirchenstaaten und trat schließlich in den Dienst der Republik Venedig ein, die damals über Padua herrschte.

Er verteidigte die Republik vor den Angriffen des Hauses der Visconti und eroberte die Stadt Verona. 1443 starb er in Padua.

Das **Denkmal** wurde von seiner Familie in Auftrag gegeben und entstand in den Jahren 1447 bis 1453. Pferd und Reiter sind aus Bronze. Es handelt sich um die erste Reiterstatue aus Bronze, die seit der Römerzeit in Italien gefertigt wurde. Das **Pferd** ist einer der berühmten vier Pferdestatuen (Quadriga marciana) des Markusdoms in Venedig nachempfunden und in seinen Proportionen im Gegensatz zum Reiter Gattamelata etwas größer als lebensgroß dargestellt. Ein Bein des Tieres ist angewinkelt. Einige Wissenschaftler gehen davon aus, dass die Haltung des Pferdes bei Reiterstatuen darauf schließen lässt, ob und wie der Reiter aus der Schlacht zurückgekehrt ist. Demnach zeigen Pferde mit vier stehenden Beinen eine unversehrte Rückkehr an. Bei einem erhobenen Bein soll der Reiter verletzt zurückgekommen und bei zwei erhobenen Bei-

Das Reiterdenkmal des Söldnerführers Erasmo Stefano da Narni, genannt Gattamelata

031pa-sm

nen im Schlachtfeld gefallen sein. Da vor dem 19. Jh. allerdings kaum Statuen mit zwei erhobenen Pferdebeinen angefertigt wurden, geht man davon aus, dass bereits ein erhobenes Bein den Tod des Reiters andeutet. Reiterstatuen wie die des Condottiero Bartolomeo Colleoni (Venedig) und die von Napoleon Bonaparte (Ajaccio) widerlegen diese Annahme allerdings, denn beide starben außerhalb des Schlachtfelds an einer Krankheit.

Abgesehen vom angewinkelten Bein des Pferdes stellt das Denkmal den Gattamelata als **triumphierenden Sieger** mit entschlossenem Gesichtsausdruck dar, in einer von Donatello nach historischen Vorbildern entworfenen Rüstung, den Kommandostab in der rechten Hand und mit auf der linken Seite herabhängendem Schwert. Er kann das imposante Pferd auf eine ruhigere Gangart zügeln und im Zaum halten, trotz der Wildheit, die es durch die Haltung des Kopfes zeigt. Die Kugel, die unter dem angehobenen Bein des Pferdes abgebildet wurde, diente Donatello wahrscheinlich als statisches Element, kann aber auch als Kanonenkugel gedeutet werden. Das Schwert und der Kommandostab bilden durch ihre schräge Haltung einen Gegenpol zur vertikalen Position des Reiters und der horizontalen Linie des Pferdes und vermitteln ein Gefühl der Vorwärtsbewegung.

Das Gesicht des Reiters ist unbedeckt, eine Kopfbedeckung fehlt. Wären diese Elemente vorhanden, würde das Reiterbild in einen willensstarken Krieger abgewandelt werden, wie es häufig im Mittelalter anzutreffen war. Donatello stellte Gattamelata stattdessen als entschlossenen, aber bedachten Condottiero (Söldnerführer) dar.

30 Oratorio di San Giorgio ★★★ [D5]

Das kleine Oratorio di San Giorgio birgt eines der bedeutendsten Werke von **Altichiero da Zevio** (ca. 1330–1390). Der Freskenzyklus aus dem Jahr 1384 in dem romanischen, von außen eher unscheinbaren Gebäude verzaubert mit einer Farbintensität, wie man sie in Padua so nur noch in der Scrovegni-Kapelle 2 findet. Generell ist das Oratorio mit dem rechteckigen Grundriss, dem Tonnengewölbe und dem einschiffigen Innenraum der Scrovegni-Kapelle sehr ähnlich.

Das Oratorium wurde 1376 im Auftrag von **Raimondino Lupi**, Marchese da Soragna, gebaut und sollte als Grablege seiner Familie dienen. Ursprünglich stand der Sarkophag mittig und erreichte fast die Decke. Zur Zeit Napoleons wurde er dann an der rechten Wand, jedoch nicht mehr deckennah, platziert.

Äußerlich ziert die Kapelle eine Giebelfassade aus unverputzten, roten Ziegeln, an der drei Reliefs, darunter Sankt Georg, der den Drachen tötet, und die Wappen der Famile Lupi aus Soragna angebracht sind. Wunderschöne Fresken schmücken das gesamte Innere, einschließlich der Decke, die mit einem wundervollen dunkelblauen Hintergrund mit goldenen Sternen und Blumenranken, Propheten und Evangelisten bemalt ist. Auf der linken Wandseite sind Szenen aus dem Leben des **heiligen Georg** zu sehen. Rechts befinden sich im unteren Teil Szenen aus dem Leben und dem Martyrium der **heiligen Lucia von Syrakus**, während im oberen Teil die **heilige Katharina von Alexandrien** im Fokus steht. An der Wand mit dem kleinen Altar ist im oberen

Teil die **Krönung Marias** zwischen Engelschören und im unteren Teil die **Kreuzigung Jesu** abgebildet. Die Gegenfassade zeigt schöne Szenen aus der **Kindheit Jesu.**

› Piazza del Santo, Tel. 0498225652, www.santantonio.org/it/content/oratorio-di-san-giorgio-0, geöffnet: Di–So 9–13, 14–18 Uhr, Eintritt: 7 €, ermäßigt 5 €. Tickets sind an der Information in der Basilica di Sant'Antonio 28 erhältlich.

31 Parrocchia di San Daniele ★ [C5]

Die Parrocchia di San Daniele befindet sich nur etwa 100 m nördlich des Prato della Valle. Ihre **Fassade** aus dem 17. Jh. ist von vier angedeuteten Säulen mit Kapitellen und einer imposanten Attika geprägt. Links und rechts der Eingangstür sind Statuen der heiligen Giustina und des heiligen Daniele Martire von Francesco Rizzi zu sehen. Auf dem **Dach** befinden sich zwei weitere Statuen und ein mittig gesetztes Kreuz. Auf der Rückseite der Kirche sieht man die drei **Apsiden** und den rechteckigen, mit Biforen durchbrochenen **Glockenturm.** Die Seiten des Gotteshauses sind von mittelalterlichem Mauerwerk geprägt.

Die Parrocchia wurde im Jahr 1076 gegründet und ist von Ost nach West ausgerichtet. Der Legende nach wurden die **Reliquien des heiligen Daniele,** die von der Abbazia di Santa Giustina 26 zur Krypta der Kathedrale gebracht werden sollten, an dem Ort, wo die Parrocchia heute steht, plötzlich bleischwer, der Himmel färbte sich dunkel und es stürmte. Erst als der Bischof Olderico das Gelübde abgab, genau an dieser Stelle eine Kirche für den Schutzheiligen der Stadt zu bauen, konnten die Reliquien weitertransportiert werden.

Zwischen dem 16. und 18. Jh. wurde die Kirche einige Male verändert. Im 19. Jh. wurde sie nach den Plänen von Jacopo Sacchetti um zwei Meter erhöht und die Apsiden äußerlich im **neoromanischen Stil** ausgekleidet. Das Gewölbedach im Inneren der Kir-

Die hübsche Fassade der Parrocchia di San Daniele aus dem 17. Jahrhundert

032pa-sm

KURZ & KNAPP

Neoromanik

Bei der Neoromanik griffen Architekten des 19. Jh. auf bauliche Stilelemente der Romanik zurück. Schwerpunkt war der Kirchenbau, bei dem häufig der Rundbogenstil angewendet wurde. Allerdings wurden auch zum Teil byzantinische und gotische Elemente wie das Kreuzrippengewölbe verwendet.

che ist mit herrlichen Fresken von Sebastiano Santi ausgeschmückt, die das Martyrium und die Wiederentdeckung der Reliquien des heiligen Daniele zeigen. Bemerkenswert sind auch die Gemälde der heiligen Pietro und Paolo von Giovanni Battista Langetti. Die Wände sind mit einem hübschen Ornamentmuster versehen und der Boden ist farblich zur Deckenbemalung passend in geometrischen Mustern angelegt.

In der Parrocchia haben einige wichtige Persönlichkeiten ihre letzte Ruhestätte, so z. B. der Komödiendichter Angelo Beolco, auch Ruzzante genannt, der Dichter Marco Guazzo und der Jurist Rolandino da Padova.

› Via Umberto I, 85, Tel. 0498760053, https://parrocchiadisandaniele.blogspot.com, geöffnet: tgl. 8.30–12, 16–19 Uhr, Eintritt: frei

32 Loggia e Odeo Cornaro ★ [E5]

Die Loggia und das Odeo sind zwei Gebäude eines ursprünglich viel größeren Komplexes, der dem Humanisten, Agrarökonomen und Mäzen Alvise Cornaro gehörte. Die 1524 erbaute **Loggia** sollte als Aufführungsort für Theaterstücke dienen. Sie besteht aus Nanto-Stein, der in beige- bis sandfarbenen Farbabstufungen zu finden ist. Das Gebäude mit römischen und griechischen Elementen weist auf der unteren Ebene fünf Bögen mit Säulen im dorischen Stil und Reliefs auf. Die obere Ebene zeigt fünf Fenster und Pilaster im ionischen Stil. Drei Fenster sind nur angedeutet und mit jeweils einer Statue der Götter Apollon, Venus und Diana versehen, die vom Bildhauer Jacopo Colonna gefertigt wurden. Zwischen beiden Ebenen ist ein **Architrav**, eine Stützenreihe ruhender Horizontalbalken, zu sehen, bei dem sehr schön als Merkmal der dorischen Ordnung Triglyphen und Metopen herausgearbeitet wurden. Bei Triglyphen handelt es sich um Platten, die zwei innere und zwei halbe äußere Rillen besitzen. Eine Metope bezeichnet hingegen den Platz zwischen zwei Triglyphen. Metopen und Triglyphen ergeben zusammen ein Triglyphenfries.

033pa-sm

Das Innere der Loggia zeigt **Fresken** im römischen Stil, bei dem besonders die Gottheiten Mars, Jupiter, Saturn und Diana eine Rolle spielen, die den Planeten ihren Namen gaben. Die Sonne ist im südlichen Teil der Loggia als bärtiger, auf einer Sonnenscheibe sitzender Mann zu sehen. Zudem zieren weitere schöne Motive wie die der vier Jahreszeiten das Gebäude.

Das **Odeo**, das wahrscheinlich um 1530 erbaut wurde, war ursprünglich als Ort für Konzerte und Treffpunkt von Intellektuellen vorgesehen. Man vermutet, dass es wahrscheinlich der Villa des Literaten Marcus Terentius Varro in Cassino nachempfunden wurde, die in einem Brief an Cicero beschrieben wurde. Im Zentrum des Odeo befindet sich ein achteckiger Raum, der mit schönen **Bemalungen von Gualtiero Padovano** ausgestattet ist. Das Gewölbe im Zentrum ist mit einem hellen Hintergrund und farblich intensiven Verzierungen versehen. Beeindruckend sind dabei die detailreichen Ausarbeitungen der mythologischen Figuren wie Satyre, alte Gottheiten und Engel.

Die Nebenräume sind mit schönen Landschaftsmotiven versehen, die Lambert Sustris zugeschrieben werden, der aus Amsterdam stammte, aber bei Tizian in die Lehre ging. Die Stuckwerke sollen von den Söhnen des Veroneser Architekten und Malers Giovanni Maria Falconetto und von Tiziano Minio, einem Bildhauer aus Padua, stammen.

› Via M. Cesarotti, 37, Tel. 3351428861, www.latorlonga.it/loggia-e-odeo-cornaro, geöffnet: Jan.–März Di–Fr 10–13, Sa/So 10–13, 15–18 Uhr, April–Sept. Di–Fr 10–13, Sa/So 10–13, 16–19 Uhr, Eintritt: 5 €, ermäßigt 4 €, Onlinebuchung möglich

Die östliche Altstadt

Die östliche Altstadt hat einige spannende Kirchen zu bieten, die sich in den Gassen teilweise neben Palazzi und historischen Herrenhäusern verstecken. Außen sind sie oft unscheinbar, doch im Inneren offenbaren sie dem Besucher ihre Reize, sei es die überschwänglich barocke Ausschmückung der **Chiesa di San Gaetano** 35 oder der beeindruckende gotische Stil in der **Chiesa di San Francesco** 33.

Auch die mittelalterliche **Stadtmauer**, der alte Hafen **Porta Portello**, das Universitätskrankenhaus, das in unmittelbarer Nähe zum beliebten Park **Giardino Monumentale Treves de' Bonfili** (s. S. 98) gelegen ist, und das **Planetarium** (s. S. 121) befinden sich im Osten der Altstadt, die ansonsten von einer Vielzahl an Studenten geprägt ist. Einige kleinere Parks geben dem Ruhesuchenden die Möglichkeit zum Verschnaufen.

33 Convento und Chiesa di San Francesco ★ [D4]

Der Vorschlag, die **gotische Kirche** San Francesco mit angrenzendem Kloster und Krankenhaus zu bauen, wurde dem Bischof Pietro Marcello 1414 vom Politiker Baldo Bonafari und seiner Frau Sibilla da Cetto, einer italienischen Adligen, unterbreitet. Sie wollten einen Teil ihres Vermögens für den Bau einer Kirche verwenden. Der Grundstein wurde schließlich am 25. Oktober 1416 vom Erzpriester der Kathedrale, Bartolomeo degli Astorelli, gelegt und am

Blick auf die Loggia und das Odeo Cornaro

24. Oktober 1430 wurde die Kirche geweiht. Mitte des 15. Jahrhunderts beschrieb der Prediger Girolamo Maria Francesco Matteo Savonarola sie als großen „Tempel" („templum quidem magnum") in Anspielung darauf, dass die Kirche aufgrund der Anzahl an Gläubigen bereits zu klein schien, was sich gegen Ende des 15. Jahrhunderts auch bestätigte. Anfang des 16. Jahrhunderts wurde sie unter der Leitung des Architekten Lorenzo da Bologna erweitert.

Der ursprüngliche Grundriss der Kirche basierte auf einem **lateinischen Kreuz** mit drei Apsiden und einem vom Chor getrennten Kirchenschiff sowie drei Kapellen auf der linken Seite. Nun wurden ein großes Presbyterium und zwei Seitenschiffe mit angrenzenden Kapellen angebaut. 1728 umfasste die Kirche 22 Altäre, die schließlich 1809 auf 17 reduziert wurden. 1810 wurden das Kloster und die Kirche zur Pfarrkirche umgewandelt.

1862 wurde der Fußboden der Kirche erneuert, wobei viele Grabmäler entfernt wurden. 11 Jahre später wurde die gesamte Kirche restauriert. 1914 kehrten die **Franziskaner** in den Gebäudekomplex zurück.

In der Kirche sind etliche bedeutende Persönlichkeiten bestattet, darunter die Gründer Baldo Bonafari und Sibilla da Cetto, der Gelehrte Bartolomeo Cavalcanti, der Arzt und Philosoph Pietro Roccabonella, der Florentiner Antonio Berardi, der letzte Herrscher Mantuas, Ferdinando Carlo di Gonzaga-Nevers, und der Maler Francesco Squarcione.

Der **Portikus** des Komplexes umfasst 37 Arkadenbögen, wobei das Krankenhaus rechts und das Kloster links gelegen ist. Entlang des Portikus waren die Wände von Francesco Squarcione im „Verde terra"-Stil, auch Verdaccio (schattierte Untermalung) genannt, mit den Geschichten vom heiligen Franziskus bemalt. Heute sind nur noch einige restaurierte Fragmente erhalten.

Das **Innere der Kirche** ist im gotischen Stil mit Kreuzgewölben und Arkadenbögen ausgestattet, die das

Im Kreuzgang des Convento di San Francesco kann man gut verschnaufen

Hauptschiff von den Seitenschiffen trennen. Die hellen Wände und die Decke sind mit einem roten Farbton abgesetzt, passend zum Fußboden, der in einem rot-weißen Schachbrettmuster angelegt ist. Braune Holzbänke, farbenfrohe Wandbemalungen, imposante Gemälde und goldfarbene, an Ketten herabgelassene Lampen runden das Bild ab.

Interessant sind vor allem der dunkel gehaltene **Chor** von Lorenzo da Bologna, vier mittelalterliche **Säulen aus rotem Marmor** von der Piazza dei Signori, die 1502 von der Stadtverwaltung gestiftet wurden, die wertvollen spätgotischen Fresken auf den Arkadenbögen, das bemerkenswerte Bild „Via Crucis“ aus dem 18. Jahrhundert sowie das Gemälde „Himmelfahrt“ von Paolo Veronese. Unbedingt anschauen sollte man sich auch die **Kapelle Santa Maria della Carità**, die von Girolamo Tessari zwischen 1523 und 1524 komplett mit Fresken versehen wurde, und die Statue der Jungfrau von Luigi Strazzabosco. Links und rechts neben der Statue sind die Allegorien der Nächstenliebe und des Glaubens von Dosso Dossi zu bewundern. Ebenso schön sind der 1655 **geschaffene Altar des Allerheiligsten Sakraments** im rechten Querschiff und die bronzenen Engel von Tommaso Allio. Der Hauptaltar wurde 1705 von Mattia Carneri fertiggestellt.

In der **Sakristei** sind unter anderem Werke von Giovan Battista Pellizzari, Giovanni Specchietti und Daniel van den Dyck zu finden. Von ihr aus führt der Weg in den spätgotischen **Kreuzgang Sant'Antonio**, der anhand von Lünetten Geschichten aus dem Leben des heiligen Antonius zeigt.

Im Westflügel des Klosters befindet sich eine prächtige, zwischen 1753 und 1761 entstandene Bibliothek mit etwa 15.000 Büchern und 450 Manuskripten in schweren Ebenholz- und Dornbuschregalen. Der obere Raum der Bibliothek wurde von Giuseppe Gru mit mythologischen Szenen geschmückt.

› Via S. Francesco, 118, Tel. 0498750710, www.sanfrancescogrande.it, geöffnet: tgl. 7.30–12, 16–19.30 Uhr, Eintritt: frei

MEIN TIPP

Abstecher zum Haus des Galileo Galilei

Eine Gedenktafel markiert das Haus des italienischen Universalgelehrten Galileo Galilei nahe der Chiesa di San Francesco, das jedoch nur von außen zu besichtigen ist. Galilei lebte 18 Jahre lang in der Stadt und lehrte ab 1592 Mathematik an der Universität von Padua.

★3 [D5] **Casa di Galileo Galilei,** Via Galileo Galilei 17

34 Tomba di Antenore ★★ [D4]

Das **Grab des Antenor,** das auf das Mittelalter zurückgeht, befindet sich auf der Piazza Antenore unmittelbar vor dem **Palazzo Santo Stefano,** in dem die Präfektur und das **Museo di Palazzo Santo Stefano** (s. S. 82) untergebracht sind. Nach einer **Überlieferung von Homer** soll **Antenor** einer der weisesten Trojaner gewesen sein. Er heiratete die trojanische Priesterin der Athene und nahm vor dem Ausbruch des Trojanischen Kriegs Menelaos und Odysseus bei sich auf und rettete so ihr Leben. Nach der Zerstörung Trojas soll Antenor die aus Paphlagonien vertriebenen Veneter nach Norditalien geführt und dort die Stadt Patavium (Padua) gegründet haben.

1274 fand man während des Baus eines Gebäudes zwei aus Zypressenholz und Blei gefertigte Särge, in denen außer sterblichen Überresten auch zwei Vasen mit Goldmünzen und ein Schwert gefunden wurden. Der Gelehrte **Lovato dei Lovati** (1241–1309) wurde beauftragt, die Knochen zuzuordnen und schrieb sie dem Trojaner Antenor zu. 1283 wurde beschlossen, ein Denkmal in Form einer spitz zulaufenden Ädikula (kleines Bauwerk, meist kleiner Tempel) aus Ziegeln und Stein zu errichten, an dessen Seiten Lovati in Latein zwei seiner *Quartine* (Vierzeiler) eingravieren durfte.

Das Denkmal wurde nahe der mittelalterlichen Kirche San Lorenzo aufgestellt, die 1808 entweiht und 1937 schließlich abgerissen wurde. Es entstand der heutige Platz, der aber zunächst Piazza XI Maggio genannt wurde. Antenors Grab verblieb im Zentrum des Platzes. 1942 platzierte man das Grab des Lovato dei Lovati neben dem des Antenor.

1985 wurde das Grab Antenors geöffnet: Statt des erhofften trojanischen Prinzen kam ein ungarischer Soldat zum Vorschein, der im 9. Jh. sein Leben während einer Invasion gelassen hatte.

› Piazza Antenore

35 Chiesa di San Gaetano ★ [D3]

Die Kirche des heiligen Gaetano, die auch als Chiesa dei Santi Simone e Giuda bekannt ist, ist ein **Juwel der barocken Kirchenkunst.** Äußerlich recht unscheinbar, zieht sie jedoch jeden, der sie betritt, in ihren Bann, denn im Inneren eröffnen sich dem Betrachter überschwängliche Verzierungen, herabschauende Engelsfiguren, Gemälde, Skulpturen, Wandmalereien und reichlich Marmor.

Die Kirche wurde am 23. Oktober 1588 von Antonio Gianotti, dem Bischof von Urbino, geweiht. Mit dem Bau begonnen wurde sechs Jahre zuvor, als die Vorgängerkirche, wahrscheinlich gotischen Bautyps, weitestgehend abgetragen wurde.

Die Planung und Ausschmückung der Kirche gehen auf den Architekten **Vincenzo Scamozzi** zurück. Später wurde das **Kloster der Theatiner** angefügt, an dessen Stelle jedoch dann der Justizpalast errichtet wurde. Der achteckige Grundriss der Kirche zeigt noch heute die ursprüngliche Funktion der Kirche als Kapelle des Klosters.

Die horizontal zweigeteilte, imposante **Fassade** ist zusätzlich in fünf vertikale Abschnitte gegliedert. Die eingearbeiteten Statuen stammen aus dem 18. Jahrhundert. Der gesamte **Innenraum** ist mit polychromen Marmor aus dem 18. Jahrhundert ausgeschmückt. Zu den bedeutendsten künstlerischen Werken gehört das hervorragend gearbeitete **Gewölbefresko**, das der Franzose Guido Luigi Vernansal 1730 schuf. Es widmet sich dem Paradies, in dem die darin aufgezeigten Heiligen in 16 Kategorien aufgeteilt sind. Jede Kategorie ist durch einen Rippenbogen von der nächsten Heiligendarstellung getrennt, die dann in einem zentral angelegten Medaillenfresko zusammenlaufen. Im **Hauptschiff** finden sich zudem eine bedeutende Statue der Madonna mit Kind von Andrea Briosco (1470–1532) und das Gemälde „Klage über Christus" des veronesischen Malers Dario Varotari aus dem späten 16. Jahrhundert. Das Kirchenschiff ist mit vielen weiteren Gemälden ausgeschmückt. Zu den Künstlern gehören unter anderem Pietro Damini, Gian Battista Bissoni, Palma il Giovane und Alessandro Maganza.

Auf dem **Altar** befindet sich ein hölzernes Kruzifix mit dem sterbenden Christus, das der Bildhauers Agostino Tannini im 18. Jahrhundert schuf. In der **Sakristei** stechen besonders das Marmorrelief von Bartolomeo Bellano (1435–1497) und das hölzerne Altarbild von Michele Fabris, auch als Ongaro bekannt, aus dem 17. Jahrhundert hervor.

› Via Altinate, 73, Tel. 0498764688, www.centrouniversitariopd.it, geöffnet: nur während der Messen, Eintritt: frei

36 Parrocchia di Santa Sofia ★ [E4]

Die erstmals 1123 erwähnte Kirche Santa Sofia befindet sich etwa 500 m südöstlich der Scrovegni-Kapelle 2. Sie ist ein wichtiges Beispiel der venezianischen Romanik aus dem 10. bis 12. Jahrhundert, denn sie vereint nicht nur romanische, sondern auch byzantinische und ottonische Architekturmerkmale. Dem Volksglauben nach soll die Kirche auf den Ruinen eines heidnischen Tempels errichtet worden sein, der dem Gott Apollon gewidmet war.

Der Name der Kirche (Heilige Sophia, „Divinæ Sapientiæ") soll aus der byzantinischen Zeit stammen, allerdings ist dies nicht eindeutig belegt, denn die **Datierung der Kirche ist bis heute schwierig.** Klar ist, dass sich die Bauarbeiten über Jahrzehnte hinstreckten. Die Apsis wurde als einer der ersten Gebäudeteile errichtet, doch auch hier streiten die Experten: Die einen vermuten ihre Entstehung im 8. Jahrhundert n. Chr., andere zwischen 1070 und 1080. Fertiggestellt wurde die Kirche 1106. Bis Ende des 14. Jahrhunderts wurde die Struktur des Gebäudes verschönert und nach den liturgischen Reformen angepasst. Andrea Mantegna, damals gerade 17 Jahre alt, erstellte 1448 sein erstes Werk für den Altar der Kirche, das aber seit dem 17. Jahrhundert als verschwunden gilt.

Im 16. Jahrhundert wurde die Parrocchia zur **Pfarrkirche** und danach zum **Kloster** ernannt. Während der napoleonischen Zeit (1806–1810) wurden die Mönche aus dem Kloster vertrieben und das Gebäude ging in Staatsbesitz über. Durch Restaurierungsarbeiten zwischen 1951 und 1958 gingen viele barocke und aus dem Manierismus stammende Details verloren. Das heutige Gebäude ist aus Backstein und Stein gefertigt. Die aus dem 12. Jahrhundert stammende, von Blendarkaden, Nischen und Bogenfries geschmückte Fassade ist gen Westen gerichtet, die Apsis gen Osten. Auf ihr ist der romanisch-gotische **Glockenturm** aus dem Jahre 1296 befestigt.

Das **Innere der Kirche** ist eher schlicht und mit einem sehenswerten verputzten Kreuzgewölbe aus dem 14. Jahrhundert ausgestattet. Blick-

KURZ & KNAPP

Ippolito Nievo

Ippolito Nievo (1831–1861) war ein in Padua geborener Schriftsteller und Patriot, der bei einem bis heute ungeklärten Schiffsunglück im Tyrrhenischen Meer sein Leben ließ. Nach ihm ist eine kleine Piazzetta in Padua benannt, die sich nur wenige Schritte von der Parrocchia di Santa Sofia 36 befindet. Seine herausragendsten Werke sind „Le confessioni d'un Italiano", das als eines der wichtigsten Romane des italienischen Risorgimento gilt, und „La nostra famiglia di campagna".

fang sind die Arkaden und Säulen, die das Gebäude in ein Hauptschiff und Seitenschiffe unterteilen. Die Säulen und Kapitelle sind aus Materialien gebaut, die teilweise aus der römischen und byzantinischen Zeit stammen. An den Wänden sind noch einige Überbleibsel von Fresken aus dem 13. und 14. Jahrhundert aus der Giotto-Schule zu bewundern.

Das **Presbyterium** wird von Nischen und einem großen hängenden Holzkruzifix aus dem 15. Jahrhundert dominiert. Unter dem Presbyterium befindet sich die unvollendete Krypta. Interessant sind auch das kleine Lapidarium, eine Sammlung von Steinwerken wie Skulpturen, Sarkophage oder Epitaphe, auf der linken Seite, der **Altar**, der ein Bild von Francesco da Paola und seinen Wundern zeigt, und die Figurengruppen „La Pietà" von Egidio sowie das Grabdenkmal von Ludovico Cortusio.

› Via Santa Sofia, 102, Tel. 0498759939, www.santasofia.org, geöffnet: Mo 9–12.30, Di 8–12, 16–19, Mi/Do 9.30–11.30, 16–19.30, Fr/Sa 8–12, 16–19.30, So 9.30–12.30, 18.30–20 Uhr, Eintritt: frei

Sehenswertes in der Umgebung

Rund um Padua warten eindrucksvolle Schlösser, Villen und teilweise versteckte Kirchen auf Besucher, die **Euganeischen Hügel** sind für ihre Natur und ihre Wanderwege bekannt und nahe gelegene **Thermalbäder** bieten Entspannung und Wellnessmöglichkeiten. Literaturbegeisterte kommen im südlich gelegenen **Arquà Petrarca** 37 auf ihre Kosten. Der malerische Ort war in seinen letzten vier Lebensjahren Heimat des berühmten Dichters Francesco Petrarca. Noch heute wird in seinem kleinen Häuschen an ihn und sein literarisches Wirken erinnert. Das Verkehrsnetz rund um Padua ist mit regelmäßig verkehrenden Bussen sehr gut ausgebaut, weshalb die Umgebung problemlos auch ohne eigenes Auto erkundet werden kann.

Die Euganeischen Hügel sind ein ausgezeichnetes Wandergebiet

055pa©Luca Lorenzelli, stock.adobe.com

Typische DOC und DOCG Weine aus Padua und Umgebung

Weine des Consorzio Vini D.O.C. di Bagnoli

Der Friularo D.O.C.G. ist ein rubinroter Wein mit einem frischen und tanninhaltigen Aroma, das einen angenehmen Hauch von Kirschen und Veilchen aufweist. Er ist mindestens 12 Monate gereift und passt gut zu den paduanischen „Bigoi“ (Nudeln) mit Hase, zu Gans und zu Hähnchen, aber auch zu gegrilltem Aal. Der Friularo Passito D.O.C.G. ist ein süßer, vollmundiger Wein mit einer langen Alterung, der sich hervorragend zu dunkler Schokolade oder den typischen venezianischen Keksen Zaleti, Fregolota und Baicoli macht.

› südlich von Padua gelegen, kultiviert wird die einheimische Friularo-Rebe, weitere Informationen unter www.consorziovinidocbagnoli.it

Weine des Consorzio Vini DOC Colli Euganei

Der Merlot DOC gehört mit zu den beliebtesten Rotweinen aus der Gegend rund um Padua. Er besitzt in jungen Jahren ein angenehmes Aroma mit unverwechselbaren Noten von Sauerkirschen und Holunder. Im Laufe der zunehmenden Alterung kehren Noten von Kirsche, Brombeere und Geröstetem ein. Der Merlot ist ein Tafelwein und ein idealer Begleiter von gegrilltem Hühnchen, langgereiftem Käse, reichhaltigen Risottos (Reis) und Salumi (Wurst). Der Colli Euganei Pinello DOC ist ein junger, leichter und angenehmer, nach frischen Früchten duftender Weißwein, der in Kombination mit einem Antipasto und einer Pizza zu empfehlen ist.

› Alle Weine stammen aus den Euganeischen Hügeln, weitere Informationen unter www.collieuganeidoc.com.

Weine der Cantina Sociale dell'Adige Fratta di Merlara

Merlara-DOC-Rotweine, wie der Merlara Cabernet DOC, sind durch ein intensives Rubinrot gegenzeichnet. Mit zunehmendem Alter ergibt sich ein Granatrot und ein trockener und vollmundiger Geschmack. Ideal als Begleitung zu Kaninchen. Der Merlara Malvasia DOC ist ein Weißwein mit einem intensiven Aroma und fruchtigem Zitrusduft, der sich zu Fisch- und Pastagerichten eignet.

› zwischen Padua und Verona gelegen, weitere Informationen unter www.ilmerlara.com

Weine der Corti Benedettine

Der Rotwein Raboso DOC ist durch einen ausgeprägten Duft von Sauerkirschen, Pflaumen und Veilchen gekennzeichnet. Er bringt eine spürbare Frische mit. Der Raboso passt wegen seines intensiven Geschmacks wunderbar zu „Bollito“, einem Mix aus gekochtem Fleisch, und anderen Fleischgerichten mit einem hohen Fettanteil und Gewürzen. Der Chardonnay DOC glänzt durch eine Weichheit und den typischen würzigen Duft von Vanille. Dieser wird von einem Hauch von goldenen Apfel- und Löwenzahnblüten gekrönt. Dieser Weißwein ist besonders empfehlenswert in Kombination mit Steinpilzen. Der Pinot Grigio DOC (Grauburgunder) ist durch sein angenehmes, vielfarbiges Bouquet und sein an Williamsbirnen und Heu erinnerndes Aroma eine ideale Begleitung zu Geflügelgerichten.

› im Gebiet Bassa Padovana zwischen Venedig und Polesine gelegen und von Mönchen des Convento Correzzola kultiviert, weitere Informationen unter www.cortibenedettine.it

37 Arquà Petrarca ★★

Arquà Petrarca liegt rund 30 km südwestlich von Padua sanft eingebettet in die idyllische Landschaft der Euganeischen Hügel am Fuße des Monte Piccolo und des Monte Ventolone. Der malerische Ort zählt nur rund 1900 Einwohner, ist aber Mitglied der Vereinigung **I borghi più belli d'Italia** („Die schönsten Orte Italiens"), die Orte von herausragendem historischen und künstlerischen Interesse fördert, die sich abseits des Massentourismus befinden.

Bekanntheit erlangte Arquà Petrarca durch den Dichter **Francesco Petrarca** (1304–1374), der hier in einem schmucken Häuschen, das ihm von Francesco I. da Carrara geschenkt wurde, seine letzten vier Lebensjahre verbrachte. Petrarca gehörte zum Bekannten- und Freundeskreis des Stadthalters. Da Carrara bewunderte ihn sehr, weshalb er den Dichter nach Padua einlud und ihm dieses Haus schenkte, das heute samt dem angrenzenden Garten Besuchern als **Museum** offensteht.

Petrarca gilt zusammen mit seinen Zeitgenossen Dante Alighieri und Boccaccio als einer der wichtigsten Vertreter der italienischen Literatur. Sein bekanntestes Werk ist sein **Zyklus aus 366 Gedichten**, darunter 317 Sonette, den **„Canzoniere"**. In den Sonetten, die für die europäische Lyrik der Renaissance (Petrarkismus) prägend waren, besingt der Dichter seine ausdauernde Liebe zu Laura, einer jungen Frau, die ihm 1327 ins Auge fiel und seine Gedanken nicht mehr losließ.

In dem zweigeteilten Dorf (es gibt einen unteren und einen oberen Teil) sind außer dem Museum die erstmals 1181 urkundlich erwähnte Kir-

⌃ Idylisch gelegen – Arquà Petrarca

⟩ Die Chiesa di Santa Maria Assunta in Arquà Petrarca

che **Santissima Trinità** auf der Piazza im Ortskern, etliche schmucke **Palazzi,** die ab dem 14. Jahrhundert entstanden, das **Grabmal des Dichters Petrarca** in der Nähe der Kirche Santa Maria Assunta und traditionelle **Häuser aus Trachyt,** einem Vulkangestein, zu bewundern. Die **Loggia dei Vicari** aus dem 14. Jahrhundert, die heute vornehmlich als Außensitzfläche für Gäste der daneben beherbergten Pizzeria (s. rechts) dient, wurde ursprünglich für Versammlungen genutzt.

Insbesondere in der Hauptsaison lebt Arquà Petrarca vom Tourismus. Es gibt etliche Lokale und Unterkünfte und es werden regionale Produkte wie Olivenöl, Wein und Grappa sowie Obst und Gemüse verkauft. Interessant sind dabei die kleinen **Giuggiole,** eine für diese Region bekannte Steinfruchtart, die äußerlich stark an Oliven erinnert, aber im sehr reifen Zustand geschmacklich eher Datteln ähnelt. Aus der Frucht werden Brot, Liköre und Marmeladen hergestellt. Jedes Jahr im Herbst findet zudem das Giuggiole-Fest (Festa delle Guiggiole) statt.

› Anfahrt: am einfachsten mit der Buslinie 6 ab Padua (ohne Umstieg). Mit dem Auto die Autobahn A13 bis zur Ausfahrt Monselice nehmen, dann Richtung Arquà Petrarca dem Straßenverlauf folgen. Mit der Regionalbahn direkt oder mit bis zu zwei Umstiegen in Ferrara, Venedig und Rovigo.

4 Casa del Petrarca, Via Valleselle, 4, 35032 Arquà Petrarca, Tel. 0429718294, http://padovacultura.padovanet.it/it/musei/casa-del-petrarca, geöffnet: siehe Website, Eintritt: 6 €, ermäßigt 4 €

5 Ristorante Miravalle €€, Via Fontanelle, 9, Tel. 0429 777255, www.miravalle.it, geöffnet: Do–So 10–15, 18–23 Uhr. Das Ristorante Miravalle im Norden von Arquà Petrarca bietet Innen-, aber auch Außenplätze auf der Panoramaterrasse, von wo aus man einen herrlichen Ausblick auf die Umgebung genießen kann. Die Preise sind durchschnittlich und das Essen vorzüglich.

6 Ristorante Pizzeria San Marco Arquà Petrarca €€, Piazza S. Marco, 4, Tel. 0429 718022, geöffnet: tgl. außer montags 12–15 und 19–23 Uhr. Das Lokal serviert in den Innenräumen sowie außen in der Loggia dei Vicari regionale Gerichte zu durchschnittlichen Preisen. Zu empfehlen ist besonders die riesige *tagliere* (Aufschnittplatte) mit Käse- und Wurstsorten.

056pa©Lorenzo, stock.adobe.com

38 Abano Terme ★

Der westlich von Padua gelegene Ort Abano Terme ist vor allem für sein 87 °C warmes **Thermalwasser** bekannt, das schon seit Jahrhunderten für therapeutische Anwendungen (z. B. bei Rheuma) genutzt wird. Wer hierherkommt, den erwartet eine Fülle an Hotels, zum Teil mit **prächtigen Gartenanlagen,** die alle eine eigene Thermalquelle besitzen. Sie reihen sich nebeneinander auf, sodass der Ort durch die schmuck präsentierten Blumenbeete, Springbrunnen und Palmenlandschaften durchaus Charme hat.

Die Stadt ist in das historische Zentrum **Abano Vecchia** (auch Abano Centro genannt) und das touristische Zentrum **Abano Nuova** unterteilt. Das historische Zentrum entwickelte sich ursprünglich um den **Dom San Lorenzo** herum, der aus dem Jahr 1780 stammt und dessen **Glockenturm** in zwei unterschiedlichen Epochen errichtet wurde: Der untere Teil stammt aus dem Jahr 900 n. Chr. und der obere aus dem Jahr 1315. Die Fassade ist neueren Ursprungs (1965) und ersetzt eine ältere aus dem Jahr 1905. Im Inneren können unter anderem Gemälde von **Giacomo Antonio Melchiorre Ceruti,** auch Il Pitocchetto genannt, besichtigt werden.

Neben dem Dom befindet sich die Stadtbibliothek und unweit davon, auf der Piazza del Sole e della Pace, gibt es eine **ca. 300 m² große Sonnenuhr.** Ansonsten ist Abano Vecchia vor allem durch zahlreiche **Patriziervillen** geprägt, die zumeist in Privatbesitz sind.

Die von Nicolò Malipiero im palladianischen Stil erbaute **Villa Rigoni Savioli** aus dem Jahr 1557 (Via A. Diaz, 47) ist im Inneren mit Fresken ausgeschmückt und kann u. a. für Events gebucht werden (https://villapalladiana.com).

Im touristischen Teil von Abano Terme befindet sich die **Pinacoteca del Montirone,** die interessante Werke von Künstlern des 18. Jahrhunderts enthält. Zu ihnen gehören unter anderem Giovan Battista Moroni, Alessandro Bonvicino (genannt Moretto), Giacomo Ceruti, Giandomenico Tiepolo und Giacomo Quarenghi.

In der Viale delle Terme befindet sich die **Casa del Fascio,** ein zwischen 1934 und 1935 erbautes Gebäude des veronesischen Architekten Daniele Calabi. Es beherbergte die lokalen Büros der Nationalen Faschistischen Partei. Calabri war für seine Architektur in der faschistischen Zeit bekannt. Er errichtete mehrere dieser Gebäude in der Umgebung von Padua und in Padua selbst.

Von Abano Terme aus kann die in nur rund 5 km entfernt gelegene **Benediktinerabtei Praglia** besucht werden. Die imposante Klosteranlage aus dem 11. Jahrhundert mit großer dreischiffiger Basilika und 12 Seitenkapellen beherbergt unter anderem Meisterwerke von Campagnola.

› Anfahrt: Mit der Regionalbahn kommt man in etwa 7 Minuten vom Hauptbahnhof in Padua bis nach Abano Terme (Haltestelle etwa 1 km vom Stadtzentrum entfernt). Auch die Buslinien A, AT, ATLM, T und TL bringen einen von Padua aus ans Ziel. Mit dem Auto ist man etwa 20 Minuten unterwegs.

7 Pinacoteca Civica al Montirone, Via P. d' Abano, 20, Tel. 0498245268, geöffnet: 1. Okt.–20. März und 10.–15. Aug. 10–12 und 15–18, 21. März–9. Aug. und 16. Aug.–30. Sept. 10–12, 16–19 Uhr, 20. Nov.–20. März nur Di–Fr, So

MEIN TIPP

Villa Barbarigo in Valsanzibio

Die wunderschöne Villa südwestlich von Padua gehört seit 1929 der Familie Pizzoni Ardemani, allerdings kann der nur herrliche Garten besichtigt werden. Er wurde zwischen 1665 und 1696 von der Familie Barbarigo, einer der reichsten und wichtigsten venezianischen Familien, zum Dank an Gott angelegt, nachdem die Pest von 1630/1631 besiegt war. Im Garten befindet sich ein 1600 m² großes **Labyrinth** aus sechstausend immergrünen, teilweise 5 m hohen Buchsbaumsträuchern (Buxus Sempervirens), die zwischen 1664 und 1669 gepflanzt wurden. Der Weg durch das Labyrinth ist 1,5 km lang und im Inneren schlummern sechs Sackgassen. Weitere Highlights im Garten sind der Pavillon der Diana, der eines der ersten Bauvorhaben des barocken Architekten Gian Lorenzo Bernini gewesen sein soll, die Isola dei Conigli sowie zahlreiche Brunnen und Skulpturen

★8 **Villa Barbarigo,** Via Diana, 2, 35030 Valsanzibio PD, Tel. 3400825844, www.valsanzibiogiardino.com, Eintritt: 12 €, Kinder 6,50 €, Labyrinth ab 14 Jahre zusätzlich 4 €, Öffnungszeiten Garten: vom letzten Februarwochenende bis zum zweiten Dezemberwochenende täglich 11–13 und 14 Uhr bis Sonnenuntergang (Sa/So und an Feiertagen ganztägig geöffnet), Öffnungszeiten Labyrinth: Sa/So, Feiertage 11/11.30–13 und von 14.30/15 Uhr bis 60 Minuten vor Schließung des Gartens, Mo–Fr nur auf Anfrage an der Kasse geöffnet.

058pa©lacuraludovico, stock.adobe.com

39 Chiesa di San Michele Arcangelo ★ [ch]

Das aus dem Mittelalter stammende **Kirchenschmuckstück im byzantinischen Stil** befindet sich in Pozzoveggiani, einem rund fünf Kilometer südlich vom Stadtzentrum gelegenen Vorort von Padua. Sie ging aus einer kleinen einschiffigen, kubisch gebauten Kirche aus dem 6. bis 7. Jahrhundert hervor, die mit der Fassade gen Osten und der Apsis gen Westen eine für die römische Architektur typische, frühchristliche Ausrichtung aufwies, damit jedoch das Gegenteil der typischen Architektur von sakralen Bauten war. Im 12. Jahrhundert wurde das Gebäude zu einer **dreischiffigen Kirche mit drei Apsiden** erweitert und die Ausrichtung auf die klassische Ost-West-Ausführung (Fassade im Westen, Apsis im Osten) geändert. Die Fassade wurde zudem ausgebaut.

Bemerkenswert sind die beiden **Freskenzyklen,** die noch im Original aus der ursprünglichen Kirche erhalten geblieben sind. Die Fresken im Hauptschiff zeigen die Apostel mit karolingisch-ottonischen Charaktermerkmalen, wie sie im 10. bis 11. Jahrhundert typisch waren. Der Freskenzyklus in der Apsis zeigt im oberen Bereich Christus als Pantokrator, darunter farblich hervorgehobene Heilige und Apostel und hinter dem Altar eine Reihe mit Tier- und Mythosszenen. Letztere sind eine Rarität, denn sie enthalten auch das Motiv einer Eule, die in christlichen Kirchenbauten selten zu finden ist, da sie als „weiße Eule" die Göttin Athene (Göttin des Krieges, der Kunst und Weisheit) und später als „Eule der Minerva" ihr römisches Pendant symbolisiert.

› Anfahrt: mit dem Auto vom Prato della Valle 25 über die Via Giosuè Carducci und die Via Marghera bis zur Via Fabrici Girolamo d'Acquapendente, dann auf die Via Pietro Bembo und später die Via Pozzoveggiani wechseln und dieser bis zur Kirche folgen. Zu Fuß braucht man ca. 1½ Stunden, mit dem Fahrrad 20 Minuten. Mit der Buslinie 35 Richtung Agna fahren. Einstieg ist in Padua die Haltestelle „Ospedale Padova", Ausstieg an der Haltestelle „San Giacomo". Dauer der Fahrt rund 30 Minuten, danach 1,5 km bis zur Kirche zurücklaufen.

› www.salboro.net/pozzoveggiani, geöffnet: in der Hauptsaison ganztägig, in der Nebensaison muss der Kustode nach einem Schlüssel gefragt werden, Eintritt: frei

PADUA ERLEBEN

037pa-sm

Padua für Kunst- und Museumsfreunde

Museen

9 [ag] **Esapolis – Museo vivente degli Insetti**, Via dei Colli, 28, Tel. 049720395, www.micromegamondo.com, geöffnet: Mi–Fr 14.30–18, Sa/So 10–18 Uhr, Eintritt: 9 €, ermäßigt 7 €, Buslinien 6, 12, M, Haltestelle „Brusegana". Esapolis ist ein äußerst sehenswertes Museum, das sich der faszinierenden Welt der Insekten widmet. Neben zahlreichen präparierten Exemplaren sind auch lebende Insekten wie Schmetterlinge und Raupen zu sehen. Ein Erlebnis der besonderen Art, insbesondere für Kinder sehr zu empfehlen.

3 [D3] **Musei Civici agli Eremitani.** Der Museumskomplex mit seiner stattlichen Größe von 5285 m², den vielen archäologischen Funden und kostbaren Gemälden gehört zu den wichtigsten Museen Paduas. Auf zwei Stockwerken eines ehemaligen Klosterkomplexes untergebracht, finden sich Ausstellungsstücke aus nahezu allen Zeitepochen (s. S. 19).

10 [D2] **Museo Bottacin,** Palazzo Zuckermann, Corso Garibaldi, 33, Tel. 0498205664, geöffnet: Di–So (außer Feiertage) 10–19 Uhr, Ticketverkauf im Musei Civici agli Eremitani 3. Der Palazzo Zuckermann, der zwischen 1912 und 1914 entstanden ist, beherbergt das Museo di Arti applicate e decorative (s. S. 81) und das Museo Bottacin, eine bemerkenswerte Sammlung von über 60.000 Ausstellungsstücken, die vorrangig aus Münzen und Medaillen besteht. Außerdem finden sich unter anderem Skulpturen von Pietro Magni und prächtige, von venezianischen und triestischen Künstlern gefertigte Gemälde in den Ausstellungsräumen. Von Interesse sind auch die Sammlung von alten Waffen und die Bibliothek, die gleichzeitig der Sitz für numismatische Studien ist.

11 [ah] **Museo del Giocattolo,** Via Toblino 51, Tel. 0498281705 www.museovenetogiocattolo.it, ganzjährig tgl. 9–19 Uhr. Führungen und Besuche können aktuell ausschließlich online gebucht werden. Kleines Museum mit Spielzeugen aus Venetien und Padua aus der Zeit vom späten 19. Jh. bis Anfang der 1930er-Jahre. Insbesondere ein Besuch mit Kindern ist empfehlenswert.

12 [C4] **Museo della Padova Ebraica,** Via delle Piazze, 26, Tel. 049661267, www.museopadovaebraica.it, geöffnet: So 10–18 Uhr, nach den Gottesdiensten oder nach vorheriger Reservierung unter Tel. 049661267 (Mo–Do 9–17) oder museo@padovaebraica.it, Eintritt: 8 €, Museum und Synagoge 10 €, Museum, Synagoge und Friedhof 12 €, Kinder 6,50/8/9 €. Männer müssen bei Betreten eine Kopfbedeckung tragen. Das Museum befindet sich im alten Ghetto Paduas in der 1522 gegründeten Synagoge, die bis Mai 1943 aktiv war, bevor sie von Paduaner Faschisten abgebrannt wurde. Das Museum erzählt von den Ereignissen und Ritualen der jüdischen Gemeinde von Padua von ihren Anfängen bis heute. Nach dem Zweiten Weltkrieg wurde die Synagoge restauriert und das Museum gegründet. Unter den zahlreichen Objekten der Sammlung sind Kandelaber, Möbel, Stoffe, ein Parochet (Vorhang vor dem Toraschrein) aus dem 15. Jahrhundert und Gewürzhalter. Seit dem 24. Januar 2019 befinden sich vor dem Eingang des Museums „Stolpersteine" für Italo und Giuseppe Parenzo,

Vorseite: Mit dem Fahrrad kommt man in Padua auch durch kleine Gassen

038pa-sm

ein Projekt des deutschen Künstlers Gunter Demnig. Das Projekt wurde 1995 gestartet. Zehntausende solcher Steine wurden in ganz Europa vor den Häusern von deportierten und ermordeten Juden platziert.

M 13 [C6] **Museo del Precinema – Collezione Minici Zotti,** Prato della Valle, 1/A, Tel. 0498763838, geöffnet: Mo, Mi–Sa 10–16 Uhr, Eintritt: 6 €, ermäßigt 4 €, Eintritt frei für behinderte Personen und deren Begleiter, Journalisten sowie Kinder unter 6 Jahren. Das Museum befindet sich auf dem Prato della Valle in der obersten Etage des Palazzo Angeli aus dem 15. Jahrhundert und beschäftigt sich mit der Zeit vor dem Kino (Precinema). Gezeigt werden zum Beispiel Schattenspiele der Ombre Javanesi (Javanisches Schattentheater), Projektionen und Laterna magica, Zauberlaternen mit dem umgekehrten optischen Prinzip der Camera obscura. Sie waren in der Lage, Bilder zu projizieren. Dabei konnten auch bewegliche Projektionsbilder, Nebelbilder und fotografische Bilder erzeugt werden.

› **Museo di Antropologia,** Palazzo Cavalli 4. Hier dreht sich alles um die Menschheitsgeschichte und ihre Entwicklung (s. S. 22).
› **Museo di Arti applicate e decorative,** Palazzo Zuckermann (s. Museo Bottacin, S. 80). Das Kunstmuseum beherbergt mehr als 2000 dekorative Kunstobjekte und Alltagsgegenstände wie Silberwaren, Schnitzereien, Juwelen, Möbel und Textilien, Glas und Elfenbein sowie Keramiken. Eine kleine Ausstellung ist orientalischen Gegenständen gewidmet, eine größere Zeichnungen und Stichen.
› **Museo di Geologia e Paleontologia,** Palazzo Cavalli 4. Dieses Museum beschäftigt sich mit der Erdgeschichte. Ein besonderes Highlight sind die Skelette verschiedener Saurierarten (s. S. 22).
› **Museo di Mineralogia,** Palazzo Cavalli 4. Etwa 18.000 Edelsteine und Mineralien aus Afrika, Asien und Europa

Der Eingang der Basilica di Sant'Antonio 28

sind hier zu bestaunen. Bei Interesse sind auch Führungen (meist auf Italienisch) möglich (s. S. 22).

14 [C4] **Museo Diocesano – Palazzo Vescovile,** Piazza Duomo, 12, Tel. 0498761924, www.museodiocesanopadova.it, geöffnet: Mo 13.30–18, Di 10–13, 14–18 Uhr, Eintritt: 6 €, ermäßigt 5 €, Kombiticket mit Battistero (12) 9 €. Das Diözesanmuseum mit seinen schön ausgestalteten Räumen befindet sich direkt neben dem Duomo im Palazzo Vescovile und erstreckt sich auf rund 2000 m². Das obere Geschoss mit 12 Räumen ist dem künstlerischen Erbe der Kirche gewidmet. Insbesondere Gemälde, Skulpturen, Gewänder und alte Goldschmiedekunst können bestaunt werden. Der Salone dei Vescovi ist komplett mit Fresken bemalt. Die Kapelle Santa Maria degli Angeli aus dem Jahr 1490, die ebenso besichtigt werden kann, wurde von Jacopo Parisati da Montagnana 1495 ebenfalls mit Fresken ausgestattet. Das untere Geschoss beherbergt einen dem heiligen Gregorio Barbarigo gewidmeten Raum, in dem sich Inkunabeln und Manuskripte aus der Kapitularbibliothek von Padua befinden (Bibliothek, die für ihre alten Schriften bekannt ist, sie ist in der Regel einem Dom zugehörig).

15 [D4] **Museo di Palazzo Santo Stefano,** Piazza Antenore, 3, Tel. 0498910189, www.provincia.pd.it/museo-di-palazzo-santo-stefano, nur Sa und So nach vorheriger Reservierung mit Führungen (max. 10 Personen, Anmeldung telefonisch oder unter www.micromegamondo.com) Eintritt: frei. Der Palazzo Santo Stefano ist heute der Sitz der Präfektur, war jedoch früher ein Benediktinerkloster für Frauen. Die Räume sind mit Wandmalereien ausgeschmückt und können zum Teil besichtigt werden. Im ersten Stock befindet sich ein Informationsraum, in dem historische Dokumentarfilme und Archivdokumente angeschaut werden können. Danach geht es in die Ratskammer aus dem 19. Jahrhundert, und schließlich weiter in den sich unter dem Palazzo befindlichen Luftschutzkeller, der 1934 gebaut wurde.

16 [B4] **Museo di Scienze Archeologiche e d'Arte,** Piazzetta Capitaniato, 7, Tel. 0498274611, www.musei.unipd.it, Öffnungszeiten und Preise: siehe Website. Das 643 m² große, sehenswerte Museum für Kunst und Archäologie in der Nähe des Torre dell' Orologio beherbergt eine interessante Auswahl an Gipsstatuen, archäologischen Funden aus der Umgebung von Padua und dem Mittelmeergebiet sowie in Padua verbauten Materialien wie diverse Marmorarten. Der archäologische Fundbereich ist in 12 Räume unterteilt und zeigt z. B. Fundstücke aus Ägypten und Griechenland, aber auch apulische Keramik, Gegenstände der alten Venezianer, eine gespendete Privatsammlung, die sich mit dem Thema „Magna Graecia" befasst (Regionen im antiken Süditalien, die ab dem 8. Jh. v. Chr. von griechischen Siedlern kolonisiert wurden), Stücke aus der venezianischen Nekropole Piovego (6. bis 4. Jh. v. Chr.) und aus der Etrusker- und der Römerzeit.

› **Museo di Zoologia,** Palazzo Cavalli 4. In mehreren Räumen des Palazzo Cavalli wird man umfassend über verschiedene Tierarten und ihre Lebensbedingungen informiert (s. S. 22).

17 [cg] **Museo Nazionale dell'Internamento,** Viale dell'Internato Ignoto, 24, Tel. 0498033041, www.museodellinternamento.it, geöffnet: Mi–Fr 9–12 Uhr und nach vorheriger Absprache. Das Museum am östlichen Stadtrand ist in seiner Art einzigartig in Italien. Es beherbergt Ausstellungsstücke von italienischen Gefangenen während des Zweiten Weltkriegs (Militärinternierte, politische und wegen ihrer Glaubenszugehörigkeit Deportierte, Frauen und Männer, die das NS-Regime ablehnten), die zur Zwangsarbeit in Konzentrationslagern gezwungen wurden. In mehreren Zimmern werden Gebrauchsgegenstände, Kleidung, Fotografien und Zeichnungen ausgestellt. Im Innenhof befindet sich ein begehbarer Viehtransportwagon, mit dem die Menschen zu den Konzentrationslagern transportiert wurden. Zudem beherbergt das Museum etwa 3000 kleine Marmorgrabsteine mit Namen, die an die Gefangenen und Toten erinnern.

Kunst im Inneren der Musei Civici agli Eremitani 3

18 [D4] **MUSME – Museo di Storia della Medicina,** Via San Francesco, 94, Tel. 049658767, geöffnet: Di–Fr 14.30–19, Sa/So 9.30–19 Uhr, der Ticketschalter schließt um 18.15 Uhr, Eintritt: 10 €, über 65 Jahre 8 €, Kinder und Jugendliche von 4 bis 17 Jahre und Studenten bis 27 Jahre 6 €, Kinder bis 3 Jahre und behinderte Menschen Eintritt frei, Familienticket 22 €. Das Museum bietet auf etwa 2700 m² einen umfassenden Einblick in die Welt der Medizin und ihre Technik. Mithilfe von interaktiven Exponaten, Multimedia-Spielen und vielen Ausstellungsstücken werden die Funktionsweise des menschlichen Körpers und die von Untersuchungsinstrumenten erklärt. Ein Besuch ist vor allem für wissbegierige Kinder ideal. Die Erklärungen sind auf Italienisch und Englisch verfügbar.

Kunstgalerien

19 [C3] **Bottega delle Arti Stampe Antiche di Claudio Ceccato e C. S.n.c.,** Selciato San Nicolò, 1, Facebook, Tel. 0498758123, Mo 16–19.30, Di–Sa 10–12.30, 16–19.30 Uhr. Drucke von antiken Originalen, Originalstiche und moderne Grafiken.

20 [C4] **Galleria Arte Cesaro,** Via S. Martino e Solferino, 48, Tel. 3358135085, www.galleriacesaro.com, Di–Sa 10.30–12.30, 16.30–19.30 Uhr. Kunst aus

dem 19. Jh. und abstrakte Kunst der 1950er- und 1960er-Jahre in Richtung Spazialismo und Gutai-Bewegung.

21 [C5] **QueenArtStudio Gallery,** Riviera Tito Livio, 75, Tel. 3346447738, www.queenartstudio.it, geöffnet: Di/Mi 16–20, Do 15.40–19.30, Fr/Sa 15.40–20 Uhr. Ausstellungsort für nationale und internationale Künstler mit Schwerpunkt auf zeitgenössische Kunst.

22 [B3] **Vecchiato Arte,** Via Dondi dall'Orologio, Tel. 3347902523, www.vecchiatoarte.com, geöffnet: Di–Fr 15.30–19, Sa 11–13, 15.30–19 Uhr. Italienische Kunst des 20. und 21. Jh., Street Art, zeitgenössische chinesische und indische Kunst, Retrospektiven amerikanischer Pop-Art-Meister.

Padua für Genießer

Essen und Trinken

Die Italiener sind bekannt für ihre kulinarischen Kreationen und ihre Lust am gemeinsamen Schlemmen, doch das **Frühstück** fällt mit einem Croissant/Brioche oder einem Gebäckstück *(biscotto)* und einem Cappuccino oder Espresso für deutsche Gewohnheiten relativ karg aus. Gegen 12.30/13 Uhr ist für gewöhnlich **Mittagszeit.** Gegessen wird dann in der Regel ein Salat, ein Risotto oder Pasta. Das **Abendbrot** beginnt eher spät, meist gegen 19.30/20 Uhr und fällt üppiger aus.

In einem **Restaurant**, einer **Trattoria** oder **Osteria**, die abends frühestens um 19 Uhr, oft aber auch erst gegen 20 Uhr öffnen, gibt es vorab

Essen auf der Piazza dei Signori mit Blick auf den Torre dell'Orologio ⓭

062pa©Renáta Sedmáková, stock.adobe.com

meist Brot oder Grissini, dünne Brotstangen aus Hefeteig. Danach wählt man eine Vorspeise *(antipasto)*, einen ersten Gang (*primo*, Nudeln, Suppe oder Reisgericht), einen zweiten Gang mit Fisch oder Fleisch *(secondo)* und Nachtisch *(dolce)* von der Speisekarte *(menù)*. Dazu trinkt man normalerweise Wein *(vino)* und Wasser (acqua), das man „still" (naturale) oder mit Kohlensäure *(gassata)* bestellen kann. Den Abschluss bildet ein Espresso oder z. B. auch ein Grappa oder Limoncello.

In der Regel wird in einem Restaurant die Wahl mehrerer Gänge erwartet. Nur eine Vorspeise zu bestellen, ist nicht üblich, allerdings kann man auf den zweiten Gang verzichten, ohne schräg angesehen zu werden.

Wer nur eine Kleinigkeit essen will, ist in einer **Bar** besser aufgehoben, die nicht mit einer Cocktailbar oder Kneipe zu verwechseln ist, auch wenn es hier gewöhnlich ebenfalls Aperitifs gibt. Bars haben in der Regel von den frühen Morgenstunden an geöffnet, oftmals durchgängig bis zum Abend, es werden Snacks angeboten und man kann seinen Kaffee trinken. Aber Achtung: Wer einen **caffè** bestellt, erhält einen **Espresso** mit ein bis zwei Zuckertütchen ohne Milch. Wer einen **Milchkaffee** haben möchte, sollte einen „caffè latte" bestellen. Dieser ist auch größer und dem Kaffee im deutschen Sprachraum ein wenig ähnlicher. In einigen Bars ist ein kleiner Preisunterschied zwischen einem getrunkenen Espresso an der Theke und am Tisch zu verzeichnen, jedoch handelt es sich um Centbeträge, die in der Regel nicht ins Gewicht fallen. Erkennen kann man einen Preisunterschied an der Preisliste, die meist an oder über der Theke angebracht ist. Ein Kaffee an der Theke ist als „al banco" und am Tisch als „al tavolo" ausgewiesen.

Leitungswasser

Vom Trinken von Leitungswasser **wird abgeraten.** Zwar hat Italien gutes Leitungswasser zu bieten, doch wurden die Wasserleitungen vieler historischer Häuser noch nicht saniert, sodass sie eventuell gesundheitliche Gefahren bergen. Man sollte sein Wasser daher immer kaufen.

Gastro- und Nightlife-Areale

Bläulich hervorgehobene Bereiche in den Karten kennzeichnen Gebiete mit einem dichten Angebot an Restaurants, Bars, Clubs, Discos etc.

Bei einer **Trattoria** handelt es sich um ein Gasthaus mit gewöhnlich gutbürgerlicher, regionaler Küche, die jedoch eine gewisse Raffinesse aufweisen kann. Der Unterschied zum **Restaurant** ist heute kaum noch spürbar, nur dass in Letzterem die Preise meist etwas höher sind. Eine **Osteria** ist ein Wirtshaus, das gute Hausmannskost anbietet und in dem sich häufig mittags auch die Italiener zur Pause einfinden. Die typisch italienische Pizza mit softem dünnen Boden und leckerem Belag nach Wahl wird gewöhnlich in einer **Pizzeria** gegessen. Dazu wird entweder ein Wein oder auch ein Bier getrunken. Die **Rosticceria** ist eine Art Schnellimbiss und lädt vor allem Gäste ein, die zwischendurch einen Happen essen möchten. Gewöhnlich gibt es in einer Rosticceria verschiedene Gerichte zur Auswahl. In einer **Braceria** (manchmal auch *Risto-Macelleria* genannt) kommen besonders

Lokale Gerichte

- **Sarde in Saor** – mit Zwiebeln marinierte, süß-saure Sardinen
- **Gallina Padovana** – gegrilltes oder gebratenes Paduaner Huhn
- **Soppressa di cavallo** – Salami aus Pferdefleisch
- **Carne sfilacciata di Padova** – in Streifen gebratenes Fleisch (oft Pferd oder Schwein) mit Soße und Gemüse in einem Brötchen (ähnlich einem Hamburger) serviert
- **Bigoli** – Nudelspezialität, die dickeren Spaghetti ähnelt
- **Bondòla co'l lengual** – Schweinefleisch, Gewürze, Speck und Zunge werden in eine Kalbsblase gefüllt, gekocht und mit Meerrettich, Radicchio und Gemüse gegessen
- **Salame di cavallo** – Pferdesalami gemischt mit Bauchspeck vom Schwein
- **Figadei** – Wurst aus Schweineleber und Lunge mit Gewürzen im Naturdarm
- **Oca in onto** – gesalzenes Gänsefleisch in Öl konserviert
- **Prosciutto di petto oca** – gesalzener Gänsebrustschinken
- **Coscia affumicata di cavallo** – geräucherte Pferdekeule

Für Leckermäulchen – Fregolòtta

060pa©Comugnero Silvana, stock.adobe.com

- **Carne di Musso** – Eselfleisch (in Padua oft in Suppen verwendet oder geschmort)
- **Luganega** – lange dünne Wurst (ähnlich einer Bratwurst)
- **Coeghin** bzw. **Cotechino** – „Silvesterwurst", wird zu Linsen gegessen
- **Pazientina** – Schichtkuchen aus Nudeln, in Likör getränktem Biskuitboden und Zabajone-Creme mit Schokolade
- **Zaéti** und **Crostoli** – Kekse (Crostoli gibt es nur zum Karneval)
- **Zaleto con le giuggiole** – eine Art Rührkuchen aus Giuggole (Frucht, die äußerlich Oliven ähnelt)
- **Fugassa padovana** – paduanischer Osterkuchen ähnlich der Colomba (typischer Osterkuchen in Italien)
- **Fregolòtta** – runder, 1 cm hoher Kuchen aus Gries und Mandeln
- **Torta figassa** – Feigenkuchen
- **Smegiassa padovana** – Kuchen aus Mehl, Schweinerüssel, Rosinen, Zucker, Honig, Feigen, Grappa, Kürbis und Orangenschale
- **Cren** – Paste aus Meerrettich und Äpfeln, die gern zu Fleisch gegessen wird
- **Gran Bollito alla Padovana** – diverse gekochte Fleischsorten wie Rind, Kalbskopf, gepökelte Zunge, paduanisches Huhn und Schweinefleisch-Cotechino (Wurst aus Schwarte)
- **Merlettini Santantonio** – Rundes Gebäck aus Mandeln, Eiern, Mehl, Butter und Marsala
- **Amarettoni di Sant'Antonio** – Gebäck aus Mandeln und Orange
- **Dolce del Santo** – Kuchen mit Aprikosenmarmelade, Orangenschale, Marzipan und Biskuit
- **Pan del Santo** – Kuchen aus Schokoladenstückchen, Mandeln, Eiern und Zucker (s. S. 11)

Fleischliebhaber auf ihre Kosten, denn sie befindet sich typischerweise in einer *macelleria,* einer Fleischerei.

Allen Lokaltypen gemein ist das sogenannte **coperto**, eine Gebühr für die Eindeckung des Tischs und den Service, die zwischen 2 und 4 € betragen kann, egal, ob man Brot und Grissini wünscht oder nicht. Die **Rechnung** wird in der Regel dem Mann vorgelegt. Selten wird gefragt, wer bezahlen möchte und bei Gruppen ist es unüblich, pro Person zu zahlen, stattdessen teilt man den Rechnungsbetrag hinterher untereinander auf. **Trinkgelder** werden von den Kellnern dankend angenommen, werden aber nicht unbedingt erwartet. Meist wird der Rechnungsbetrag beim Bezahlen einfach auf die nächste volle Summe aufgerundet.

Insbesondere die Damen ziehen sich abends schick an, wenn sie essen gehen. Selten sind sie in Jeans, Pullover und Turnschuhen zu sehen. Wenn man beim Ausgehen keine irritierten Blicke auf sich ziehen möchte, sollte man sich also etwas schicker kleiden.

Smoker's Guide

Das Rauchen ist in italienischen Lokalen **im Innenbereich verboten.** Im Außenbereich kann geraucht werden, sofern dies nicht ausdrücklich durch ein Hinweisschild mit einer durchgestrichenen Zigarette untersagt ist. Die meisten Lokale in Padua lassen das Rauchen im Außenbereich zu. Sollte kein Aschenbecher auf dem Tisch stehen, einfach freundlich um einen „portacenere" bitten.

Hervorhebenswerte Lokale

Regionale Küche

23 [C4] **Bacaro Padovano** €-€€, Via S. Gregorio Barbarigo, 3, Tel. 0498762777, www.bacaropadovano.com, geöffnet: Mi-Mo 19-24, Sa/So auch 12-15.30 Uhr. Einfache, aber leckere paduanische Küche in gemütlicher, moderner Atmosphäre, gutes Preis-Leistungs-Verhältnis. Reservierung empfehlenswert.

24 [C4] **Osteria dal Capo** €€, Via Obizzi, 2 Adiacente, Piazza Duomo, Tel. 049663105, www.osteriadalcapo.it, geöffnet: Mo 19-22, Di-Sa 12-14.30, 19-22 Uhr Unmittelbar an der Piazza Duomo gelegene kleine Osteria mit Charme, die paduanische und venezianische Hausmannskost zu günstigen bis durchschnittlichen Preisen anbietet. Eine telefonische Reservierung ist unbedingt erforderlich, da das Lokal sehr beliebt ist.

25 [C4] **Osteria l'Anfora** €-€€, Via Soncin, 13, Tel. 049656629. In der Nähe des Duomo im Ghetto gelegene Osteria mit angemessenen Preisen, die einfache regionale Gerichte in gemütlicher, uriger Atmosphäre serviert. Hier kann es auch mal lauter werden. Reservierung empfehlenswert.

26 [D4] **Osteria Nane della Giulia** €€, Via Santa Sofia, 1, Tel. 0494907371. geöffnet: Mo 19-22.30, Di-Fr 12-15,

Preiskategorien

Die Angaben gelten pro Person für ein Menü mit Vorspeise, einer Hauptmahlzeit (*primo* oder *secondo*) und einem Nachtisch ohne Getränke.

€	unter 20 €
€€	20-30 €
€€€	30-40 €
€€€€	ab 40 €

040pa-sm

19–22.30, Sa/So 12–15, 19.30–22.30 Uhr. Nur wenige Schritte von der Chiesa San Francesco entfernt in einer Seitengasse gelegen. Venezianische Gerichte mit Raffinesse. Sehr gutes Preis-Leistungs-Verhältnis und uriges Ambiente.

27 [C5] **Ristorante Il Vecchio Falconiere** €€-€€€, Via Umberto I, 31, Tel. 049656544, www.vecchiofalconiere.it, geöffnet: Di 19–1, Mi–So 12–14.30, 19–1 Uhr. Sowohl draußen auf der Terrasse nahe des Kanals sowie innen herrscht ein angenehmes Ambiente. Geboten wird hervorragende venezianische Küche. Unbedingt empfehlenswert sind die Fleischfilets, die direkt vor den Augen des Gastes gebraten werden. Ein unvergessliches Erlebnis.

28 [B3] **Trattoria San Pietro** €€, Via S. Pietro, 95, Tel. 0498760330, www.trattoriasanpietropadova.it, geöffnet: Mo–Mi, Fr/Sa 12.30–14, 19.30–22 Uhr, Do nur abends. Gemütliche kleine Trattoria mit regionaler Küche und einigen Spezialitäten wie den Hasensalat.

Das Ristorante Il Vecchio Falconiere (s. oben) gehört zu den beliebten Lokalen der Stadt

Kreative Küche

29 [C4] **Dante alle Piazze** €€€€, Via Daniele Manin, 10, Tel. 0498360973, www.danteallepiazze.it/de, geöffnet: Di–Sa 12.30–14.30, 19.30–24 Uhr, So nur abends, Mo nur mittags. Gehobenes Fischrestaurant nahe dem Palazzo della Ragione mit kreativen Gerichten rund ums Meer. So schmecken Hummer, Tintenfisch und Kabeljau ganz wunderbar im Risotto, auf Polenta oder einfach nur mit Salat.

30 [E4] **Osteria Ai Scarponi** €€, Via Cesare Battisti, 138, Tel. 0498171285, www.aiscarponi.it, geöffnet: Do–Mo 19.30–22.30, Sa/So auch 12.30–14.30 Uhr. Nur wenige Schritte von der Chiesa Santa Caterina entfernt wird hier mit typischem Osteria-Flair kreative, leichte Hausmannskost serviert. Die Karte wechselt alle 15 Tage. Eine Onlinereservierung ist empfehlenswert, da nur wenige Plätze verfügbar sind.

31 [E4] **Osteria La Sofia** €€, Via Aristide Gabelli, 2b, Tel. 0498209050, geöffnet: Mo–Sa 10–15, 18–23 Uhr. Osteria im typischen, urigen Ambiente mit viel Holz wenige Schritte von der Chiesa di Santa Sofia entfernt. Leckere Hausmannskost. Zu empfehlen sind die Bigoli al ragù di anatra (Pasta mit Entenbolognese).

32 [B5] **Ristorante „Ai navigli“** €€€€, Riviera Tiso da Camposampiero, 11, Tel. 3480807820, www.ainavigli.com, geöffnet: tgl. 19.30–23, Sa/So auch 12.30–14.30 Uhr. Gehobenes Ambiente nahe der Ponte Molino mit Live-Klaviermusik. Qualitativ hochwertige Gerichte, die stets in Kombination mit Meeresfrüchten daherkommen.

33 [C3] **Ristorante Sant'Agnese** €€€€, Via Sant'Agnese, 21, Tel. 0498758153, www.ristorantesantagnese.it, geöffnet: Di–So 12.30–14.30, 19.30–23.30 Uhr. Gehobenes Fisch- und Meeresfrüchterestaurant rund 100 m nördlich des Teatro Verdi gelegen. Stilvoll und hell eingerichtet, mit Sitzplätzen drinnen und draußen. Die Speisen sind elegant angerichtet und geschmacklich hervorragend. Besonders zu empfehlen sind die Capesante (Jakobsmuscheln).

34 [D5] **Stefano Mocellin al Padovanino** €€€€, Via Santa Chiara, 1, Tel. 3409276338, www.padovanino.com, geöffnet: Di–So 19.30–22.30, Sa/So auch 12.30–14.30, So nur bis 22 Uhr. Kreative frische Küche mit viel Fisch und Meeresfrüchten im überschwänglichen Shabby-Chick-Ambiente. Die Gerichte werden sorgsam und raffiniert präsentiert. Eher kleinere Portionen zu höheren Preisen.

Internationale Küche

35 [C3] **Attimi** €€, Via Martiri della Libertà, 7, Tel. 0495010758, www.attimi-sushi.com, geöffnet: Di–So 12–15, 19–24 Uhr. Das wohl angesagteste Sushi-Restaurant der Stadt. Modern eingerichtet und mit einer großen Vielfalt an Sushi-Kreationen. Interessant ist die All-you-can-eat-Aktion.

36 [C4] **Hamerica's** €€, Via dell'Arco, 22, Tel. 0498750051, www.hamericas.com, geöffnet: Di–So 12–15, 19–23, Fr/Sa bis 23.30 Uhr. Nettes Lokal mit typisch amerikanischem Flair unweit der Chiesa Santa Maria dei Servi. Serviert werden Hamburger jeglicher Art und Größe (auch Veggie-Burger), Pommes, Chicken Nuggets und natürlich Ribs. Ein Traum für jeden Fast-Food-Freund und Liebhaber der amerikanischen Küche.

37 [B3] **La Piccola Trattoria** €€, Via Rolando da Piazzola, 21, Tel. 049656163, http://piccolatrattoria.it, geöffnet: Di–Fr 19.30–22.30, Sa 12–14, 19–22.30 Uhr. Mit frischen, saisonalen Produkten aus Sardinien werden in mediterranem Ambiente typische sardische Gerichte gezaubert. Besonders für Pecorinofans interessant.

38 [C4] **Shanghai Naturalmente** €-€€, Via Marsala, 6, Tel. 049652910, www.shanghaipd.it, geöffnet: Di–So 12–15, 19–24 Uhr. Laut den Einheimischen das beste chinesische Restaurant in Padua. Große Auswahl an chinesischen Gerichten in moderner Atmosphäre. Sehr freundlicher Service, auch für Vegetarier sehr gut geeignet.

Pizzeria und Imbiss

39 [C4] **Marechiaro Ristorante Pizzeria,** Via Daniele Manin, 37, Tel. 0498758489, Facebook, geöffnet: Di–So 12.10–14.30, 19–22.30, Sa bis 23 Uhr. Wunderschönes Hinterhof-Flair mit vielen grünen Pflanzen und bunten Blumen unweit des Palazzo della Ragione, familiäre Pizzeria mit besonderem Charme. Besonders LGBTQ-freundlich.

40 [E5] **Nerodiseppia Bistro' d'Autore,** Via S. Francesco, 161, Tel. 0498364049, www.nerodiseppiapadova.it, geöffnet: Di–Do 10–19.30, Fr 10–23.30, Sa 10–16 Uhr. Bistro, das als Geheimtipp gilt. Keine großen Portionen, dafür aber kreativ, geschmacklich exzellent und farbenfroh gestaltet. Italienische Küche für Feinschmecker. 60 m von der Loggia e Odeo Cornaro entfernt.

41 [D6] **Pollodoro,** Via Beato Luca Belludi, 34, Tel. 049663718, www.pollodoro.it, tgl. 9–14, Sa auch16.30–19.30 Uhr. Rosticceria mit großer Auswahl an fertigen Gerichten für den Hunger zwischendurch. Nur wenige Schritte vom Prato della Valle entfernt.

MEINE TIPPS

Lokale mit guter Aussicht

42 [B2] **Mario & Mercedes** €€, Via S. Giovanni di Verdara, 13, Tel. 0498719731, geöffnet: Mo/Di, Do/Fr 12–14, 19–22, Sa 12–14.30, 19–22.30, So 12–15, 19–22.30 Uhr. Familiengeführtes Restaurant mit Sitzplätzen im überwiegend grün gestalteten Garten.

43 [C7] **Terrazza Carducci** €€, Via Giosuè Carducci, 2/B, Tel.0498766183, geöffnet: tgl. außer Mi 12.30–14.30, 19.30–22.30 Uhr. Regionale Küche, die auf einer Dachterrasse mit Blick auf den Prato della Valle serviert wird.

44 [B4] **Tucoffee Italia,** Via Arco Valaresso, 16, Tel. 0497294517, geöffnet: Mo–Fr 9–18 Uhr. Café direkt gegenüber dem Duomo mit schöner Aussicht auf die Kirche.

Der erste Kaffee

45 [C5] **Caffeine,** Via Roma, 96, Tel. 0498364563, geöffnet: Mo, Mi–Sa 7–20, So 9–20 Uhr. Neben der Chiesa di Santa Maria dei Servi gelegenes Café mit internationalen Frühstücksmöglichkeiten wie Crêpes, Sandwiches, Rührei und Bacon, Toast, Joghurt und Gebäck.

46 [C4] **Caffè Pedrocchi,** Via VIII Febbraio, 15, Tel. 0498781231, www.caffepedrocchi.it, geöffnet: So–Do 8–24, Fr/Sa 8–1 Uhr. Traditionshaus gegenüber dem Palazzo Bo mit großer Auswahl an Gebäck und Törtchen.

041pa-sm

Lecker vegetarisch

Als **Vegetarier und Veganer** kann man mit Ausnahme von einer Braceria in fast jeder Art von Lokal einkehren und findet dort passende Risotto- und Pasta-Gerichte in allen möglichen Zubereitungsformen. Speziell geeignet sind:

› **Shanghai Naturalmente** (s. S. 89). Chinesische Küche, auch für Vegetarier geeignet.

47 [C5] **Veganda** €, Via S. Gregorio Barbarigo, 87, 0492050289, https://veganda-vegan-restaurant.business.site, geöffnet: tgl. 9.30–23.30 Uhr. Ein wenig östlich des Castello Carrarese gelegenes, veganes Restaurant mit moderner, aber gemütlicher Atmosphäre und Gerichten zu günstigen Preisen.

Dinner for one

› **Osteria l'Anfora** (s. S. 87). Zahlreiche Sitzplätze innen und außen laden auch „Alleingänger" zum entspannten Dinner in geselliger Runde ein.

› **Ristorante Il Vecchio Falconiere** (s. S. 88). In dem gemütlichen Restaurant sind viele kleinere Tische vorhanden und es wird gern auch von Einzelpersonen besucht.

Für den späten Hunger

48 [D5] **Pago Pago** €€, Via Galileo Galilei, 59, Tel. 049665558, geöffnet: tgl. außer Di 12–14, 19–24 Uhr. Die gemütliche, beliebte Pizzeria mit mediterranem Flair befindet sich in der Nähe der Basilica di Sant'Antonio

Im Café Pedrocchi trinkt man seinen Cappuccino stilvoll in historischem Schick

Cafés und Eiscafés

49 [C4] **Caffè della Piazzetta,** Via S. Martino e Solferino, 49, Tel. 3205575286, geöffnet: Di–Sa 7.30–21, So 10–20 Uhr. Nettes Caffè mit Innen- und Außenplätzen nahe der Piazza delle Erbe. Besonders zu empfehlen sind die leckeren Piadine (fladenartiger Toast mit Füllung).

50 [C3] **Eroica Caffè Padova,** Via Santa Lucia, 85/87, Tel. 0498307390, geöffnet: Mo 17–23, Di–Do 12–23, Fr 12–2, Sa 11.30–2, So 10.30–23 Uhr. Ein paar Schritte nördlich der Piazza della Frutta gelegenes, uriges, mit alten Fahrrädern dekoriertes Caffè mit viel Platz. Empfehlenswert sind besonders die Sandwiches.

51 [D5] **Gelateria Friso,** Via M. Cesarotti, 29, Tel. 049661531, geöffnet: Di–So 11–22.30 Uhr. Neben der Loggia e Odeo Conaro gelegene Eisdiele mit Eis auf die Hand in vielen Geschmackssorten. Mit wenigen Außenplätzen.

52 [C5] **Gelateria Giotto,** Via Roma, 97, Tel. 049665767, www.gelateriagiotto.it, geöffnet: tgl. 10–22 Uhr. Hier gibt es Eisvergnügen „auf die Hand“: Die auch bei den Einheimischen beliebte Eisdiele befindet sich unweit der Piazza Garibaldi ein wenig südlich der Scrovegni-Kapelle und besticht mit klassischen, cremigen, fruchtigen und modernen Eiskreationen. Ein Teil der Torten, Semifreddi (halbgefrorenes Eis) und neuen Kreationen werden im Gefängnis von Padua hergestellt.

53 [C6] **Gelateria Portogallo,** Via Umberto I, 101, Tel. 3802055126, geöffnet: geöffnet: Sa 11–22, So 11–21, Mo 15–21, Di–Fr 14–21 Uhr. Superleckeres Eis in klassischen bis modernen Kreationen. Besonders bei den Einheimischen beliebt. Mit Außenplätzen.

54 [D3] **Gianni Gelateria Padova,** Via Altinate, 6, Tel. 0492616211, geöffnet: Mo–Do 7–21, Fr/Sa 7–22, So 8–21 Uhr. Modern eingerichtetes Eiscafé mit Innenplätzen. Sehr beliebt bei den Paduanern. Gelobt wird das intensive Aroma der Sorten.

55 [D3] **Pasticceria Racca,** Via Pietro Fortunato Calvi, 8, Tel. 0498759855, www.pasticceriaracca.com/racca, geöffnet: Di–Fr 8–19.30, Sa 8–20.30, So 8.30–19 Uhr. Die traditionelle, im Landhausstil eingerichtete Pasticceria begeistert mit einer enormen Auswahl an Pralinen und kleinen Törtchen. Ein Vor-Ort-Vernaschen mit einer Kaffeespezialität ist möglich.

In Padua kann man an nahezu jeder Ecke unwiderstehliche Leckereien kaufen

079pa-sm

Padua am Abend

Wer denkt, dass in Padua nach 22 Uhr die Bürgersteige hochgeklappt werden, der irrt sich, denn erst dann fangen Pubs, Nachtbars und Szeneclubs allmählich an, sich zu füllen. In der Altstadt sind vor allem **ruhigere Lokale** mit netter Musik und lauschigen Plätzen zu finden. Von urigen Pubs bis hin zu modernen, eleganten Clubs ist für jeden Geschmack etwas dabei und man kann gemütlich in geselliger Runde den Abend ausklingen lassen. Auch Freunde von **Livemusik** werden in vielen Kneipen fündig. **Diskotheken** und **Clubs** mit lauter Musik sind dagegen vor allem außerhalb des historischen Stadtkerns zu finden.

Auch Kulturinteressierten wird in Padua ein vielfältiges Programm geboten. Nahezu täglich finden Theater- und Kabarettaufführungen, Opern, Konzerte oder Lesungen statt. Eine gute Übersicht über die Veranstaltungen der aktuellen Woche findet man unter www.padovaoggi.it/eventi.

Nachtleben

Bars und Kneipen

56 [be] **Aperture Cocktail Bar,** Via Giovanni d'Alemagna, 2A, Tel. 3497382823, geöffnet: So 18–24, Di–Do 18–1, Fr/Sa 18–2 Uhr. Moderne, einfach gehaltene und bei den Einheimischen beliebte Bar mit über 100 Cocktails zur Auswahl. Im Norden Paduas gelegen. An der Tram-Haltestelle „Palasport" aussteigen, dann nur noch wenige Meter zu Fuß bis zur Bar.

57 [C4] **Bar Umbe,** Via S. Martino e Solferino, 4, Tel. 3478985889, Facebook, geöffnet: Di–So 17.30–2, Mo 18–2 Uhr. Eines der besten Brauhäuser Paduas mit klassischen, aber auch experimentellen Biersorten. Ideal für einen Abend in geselliger Runde.

58 [F6] **Birreria Da Carre,** Via Jacopo Facciolati, 40, Tel. 3474294876, geöffnet: Di–Sa 17.30–2 Uhr. Gemütliche Kneipe östlich des Botanischen Gartens. Gute Auswahl an Biersorten. Vor allem bei der Jugend beliebt.

59 [F6] **Birrolandia,** Via Nazareth, 11, Tel. 0492952780, geöffnet: Mo–Sa 12–15, 19–2, So 19–2 Uhr. Bei Einheimischen beliebte Kneipe mit sehr guter Bierauswahl und großer Anzahl an Snacks wie Pizzen, Panini und Sandwiches im Osten der Stadt.

60 [B4] **Café Lumière,** Via Antonio Francesco Bonporti, 26/28, Tel. 3496806006, geöffnet: Mo–Sa 16–2 Uhr. Nur wenige Schritte nördlich des Castello Carrarese gelegenes Lokal im düsteren Gothic-Stil mit Getränken, die in ihrer Bezeichnung an Engel, Vampire, Serienkiller und sonstige gruselige Gestalten erinnern. Teilweise mit Livemusik.

61 [C4] **Il Gottino,** Via delle Piazze, 16, Tel. 3484271900, www.ilgottinopadova.it, geöffnet: Mo–Sa 18–2, So 17–1 Uhr. Ruhigere Weinbar im Zentrum Paduas, nur wenige Schritte von der Piazza delle Erbe entfernt. Ideal für ruhigere Abende mit Freunden.

Livemusik

62 [H4] **Il Chiosco,** Via Ludovico Ariosto, 10, Tel. 0497808349, www.ilchiosco.pd.it, geöffnet: Di 18–1, Mi 18–3, Do 18–2, Fr, Sa 18–4, So 11.30–1.30 Uhr, Eintritt: frei. Die Öffnungszeiten sind wetterabhängig und saisonal unterschiedlich. Im Sommer regelmäßig geöffnet, im Winter sonntags 11.30–15.30 Uhr Brunch. Siehe auch Website! Lauschige Plätze im Freien mit Livemusik, bunter Beleuchtung und der Möglichkeit, etwas zu essen und zu trinken. Im Südosten Paduas außerhalb der Innenstadt gelegen.

Diskothek

63 [F2] **Padova Pride Village,** Via Niccolò Tommaseo, 59, Tel. 0497808080, www.padovapridevillage.it, nur im Sommer geöffnet. Minderjährige dürfen nur in Begleitung von Erwachsenen hinein. Zwanglose Sommer-Diskothek für Homo- und Heterosexuelle nahe des Tempio della Pace. Gespielt wird, was in den Charts angesagt war und ist. Zudem gibt es Themenabende.

Theater und Konzerte

64 [D6] **Barco Teatro,** Via Orto Botanico, 12, Tel. 3755764000, www.barcoteatro.it. Kleineres modern ausgestattetes Theater am Botanischen Garten. Die modernen Aufführungen (überwiegend auf Italienisch) sind perfekt inszeniert und durchdacht und es besteht die Möglichkeit, einen Happen zu essen.

65 [af] **Gran Teatro Geox,** Via Giuseppe Tassinari, 1, Tel. 0498644888, www.zedlive.com. Im Nordwesten, etwa 1,5 km vom Hauptbahnhof entfernt gelegene, überdachte Veranstaltungshalle, in der Theaterstücke und diverse andere Veranstaltungen aufgeführt werden. Sowohl im Theater als auch im Kabarett gibt es einen Zweisprachigkeitsdienst für Hörgeschädigte in der Originalsprache der Aufführung (Gebärdendolmetscher).

66 [B6] **Teatro Torresino,** Via Torresino, 2, Tel. 0498071370, www.centrodarte.it. Kleineres Theater mit vornehmlich modernen Stücken, teilweise in venezianischem Dialekt. Daneben gibt es auch Musikveranstaltungen.

67 [B3] **Teatro Verdi,** Via dei Livello, 32, Tel. 0498777011, www.teatrostabileveneto.it. Wunderschönes Theater aus dem 18. Jahrhundert mit Deckenbemalung, rotem Vorhang, gemütlichen Sesseln, zahllosen Reliefs und Stuck. Es werden klassische und moderne Stücke überwiegend auf Italienisch aufgeführt.

Der Palazzo della Ragione **16** *glänzt auch nachts in seiner vollen Pracht*

Shoppingareale

Die wichtigsten Shoppingbereiche der Stadt sind im Kartenmaterial mit einer rötlichen Fläche markiert.

Padua zum Stöbern und Shoppen

Padua ist ein Einkaufsparadies. Es gibt so gut wie keine Straße, die nicht irgendein Lädchen aufweist. Rund um die Basilica di Sant'Antonio 28 gibt es etliche Souvenirläden und Kioske, die vornehmlich **religiöse Mitbringsel** anbieten. Neben den typischen Souvenirs wie Postkarten, T-Shirts, Stoffbeutel und Stifte mit dem Abbild des heiligen Antonius kann man auch „Il Dolce del Santo", ein typisches paduanisches Gebäck aus Biskuitteig, Mandelpaste, Orangen und Aprikosenmarmelade erstehen. Die Süßigkeit gibt es in unterschiedlichen Qualitätsstufen, von der günstigeren Kioskware bis zum gehobeneren Qualitätsgebäck aus einer Pasticceria.

An der Piazza Garibaldi [D3] und den umliegenden Straßen Via S. Fermo, Via del Risorgimento und Via Emanuele Filiberto di Savoia sind **Geschäfte der großen Modemarken** wie Gucci, Prada usw. zu finden. Ein wenig günstiger geht es weiter südlich in der Via VIII Febbraio [C4] zu. Hier sind neben bezahlbaren **Boutiquen** auch **größere Modehäuser** wie H&M angesiedelt. Außerdem gibt es in der Stadt einige Läden mit Kuriositäten für ein spezielles Publikum, Comic- und Vintage-Läden.

Rund um den Hauptbahnhof finden sich vornehmlich Shops, die typische Produkte aus Afrika und Asien verkaufen, Wein- und Schreibwarenläden sind in der gesamten Innenstadt verteilt. **Antiquitäten- und Trödelhändler** sowie Verkäufer von **Gemälden** und **Zeichnungen** unterschiedlicher Künstler haben sich vor allem im und um das Ghetto 18 angesiedelt.

Mein Tipp

Shop 'n' Stop

68 [D4] **Gourmetteria**, Via Zabarella, 23, Tel. 049659830, www.gourmetteria.com, geöffnet tgl. 10–24 Uhr. Verkauf von Slow-Food-Produkten aus allen Regionen Italiens mit zugehörigem Restaurant, in dem es auch Snacks gibt.

69 [B3] **La Moscheta,** Corso Milano, 58, Tel. 049660946, www.enotecalamoscheta.it, geöffnet: Di–Fr 10–13, 15.30–19.30, Sa 10–13 Uhr. Ausgezeichnetes Weingeschäft mit Sitz- und Snackmöglichkeit.

075pa-sm

Die Stände der Bauernmärkte werden schon früh am Morgen bestückt

Viele Geschäfte befinden sich in den schönen Arkaden der Stadt

Empfehlenswerte Geschäfte

70 [C4] **Antica Drogheria Caberlotto Padova,** Via Daniele Manin, 11, Tel. 0498209010, geöffnet: Mo–Sa 9–13.30, 15.30–19.30, So ab 10 Uhr. Altes Lebensmittelgeschäft mit vielen Gewürzen, Süßigkeiten, Eingelegtem und seltenen Produkten.

71 [D5] **Antica Salumeria Franchin,** Via del Santo, 95, Tel. 0498750532, geöffnet: Mo–Sa 9–14, 16.30–20 Uhr. Metzgerei, in der Traditionsprodukte wie Nudeln, Reis und natürlich viele Salumi-(Wurst) und Prosciutto-Arten zu erstehen sind. Feinschmecker sollten hier mal reinschauen.

72 [E3] **Banzai,** Via Altinate, 109B, geöffnet: Mo–Fr 9.30–13.30, 15.30–19.30, Sa 9.30–13.30, So 10–20 Uhr. Comicladen mit großer Auswahl nahe der Chiesa di Santa Sofia im östlichen Zentrum der Stadt.

73 [C4] **Cartoleria Prosdocimi,** Piazzetta Cappellato Pedrocchi, 10, Tel. 0498751368, www.cartoleriaprosdocimi.it, geöffnet: Mo–Do 15.30–19.30, Di–Do auch 9.30–13, Fr/Sa 9.30–19.30, So 10–19 Uhr. Schreibwarenladen mit großer Auswahl in einem alten Palazzo mit bemalter Decke. Hier gibt es auch hübsche Mitbringsel, insbesondere für Schulkinder.

74 [C4] **Dolciaria Snc,** Via S. Martino e Solferino, 35, Tel. 049663463, www.dolciariapadova.it, geöffnet: Mo–Sa 9–19.30, So ab 10 Uhr. Hübscher Laden für Fans von Süßigkeiten und Tee. Es gibt unzählige Pralinen- und Bonbonarten, Teesorten und Teezubehör.

75 [C4] **Erbavoglio,** Via Guglielmo Oberdan, 8, Tel. 0498760609, www.pavingroup.com, geöffnet: tgl. 15.30–19.30, Di–Fr auch 9.30–12.30, Sa auch 9.30–13, So auch 10–13 Uhr. Exklusives Kindermodengeschäft mit qualitativ hochwertiger, schicker Mode für die Kleinen.

063pa©ArTo, stock.adobe.com

76 [E5] **Filatelia IL BAJOCCO,** Via S. Francesco, 99, Tel. 049663982, www.bajoccofilatelia.it. Gut ausgestattetes Briefmarkengeschäft nahe dem Haus von Galileo Galilei gelegen, für Sammler ein Muss, denn hier bekommt man auch seltene Exemplare.

77 [C4] **Flying Tiger Copenhagen,** Via Daniele Manin, 1, Tel. 0498766439, geöffnet: tgl. 10–19.30 Uhr. Interessantes Geschenkelädchen, das so manche Kuriosität für Groß und Klein im Angebot hat.

78 [B4] **Fumetti & Soda,** Riviera S. Benedetto, 104, Tel. 0498171431, geöffnet: Mo–Sa 10–13.30, 15.30–19 Uhr. Moderner Comicladen mit großer Auswahl an Comics und Mangas sowie Zeichengeräten. Highlights sind organisierte Autorentreffen.

79 [E5] **Gioielleria di Zilli Cristina,** Via S. Francesco, 174, Tel. 0498751636, www.cristinazilli.com/index.php/it,. geöffnet: Di–Fr 9–16.30, Sa bis 15.30 Uhr. Schöne, extravagante Schmuckstücke, oft mit Edelsteinen oder Muscheln.

80 [E5] **Incantesimi,** Piazzale Pontecorvo, 6, Tel. 3385989075, geöffnet: Di–Sa 9–12.30, 15–19.30 Uhr. Juwelier mit kreativen, hübschen Schmuckstücken, die begeistern.

81 [B3] **Margi Vintage & Luxury,** Via S. Pietro, 101, Tel. 3807761279, geöffnet: Di–Sa 10–18.30 Uhr. Vintage-Lädchen mit Markenbekleidung und Accessoires. Der Schwerpunkt liegt auf Einzelstücken, die heute kaum noch verfügbar sind.

82 [C5] **Mille e una notte bazar,** Via Umberto I, 35, Tel. 0497403515, geöffnet: Di–Fr 9.30–13.30, 15.30–19.30, Sa 10–19.30, So/Mo 10.30–14.30, 15.30–19.30 Uhr. Nördlich der Ponte della Morte gelegenes Orient-Geschäft, das alles hat, was das Herz begehrt: Von Keramiken über Schmuck bis hin zu Leuchten und Geschenkartikeln aus 1001 Nacht ist alles zu haben.

83 [A3] **NaturaSì**, Via Volturno, 1, Tel. 0498711568, www.naturasi.it, geöffnet: Mo–Sa 9–20, So bis 17 Uhr. Kleiner Supermarkt mit guter Auswahl an Bio-Produkten, Wein und Zeitschriften.

84 [D3] **ODStore Padova,** Piazza Garibaldi, 7, Tel. 0490998573, geöffnet: tgl. 8–21 Uhr Uhr. Großes Süßwarengeschäft mit allem, was das süße Herz begehrt.

85 [D5] **Second Hand Padua,** Via del Santo, 65, Tel. 3280523317, geöffnet: Mo 15.30–19.30, Di–Fr 10.30–13, 15.30–19.30, Sa 10.30–19.30, So 15.30–19 Uhr. Große Auswahl an Second-Hand-Mode, auch von bekannten Marken. Ideal für Reisende, die den Vintage-Look lieben und ein geringeres Budget zur Verfügung haben.

Mein Tipp

Einen ruhigen Kaffee genießen

› **Caffè Pedrocchi** (s. S. 90). Hier kann auch zur Rush Hour am frühen Morgen entspannt ein Kaffee getrunken werden.

86 [C5] **What'Sup Padova,** Riviera Tito Livio, 75, geöffnet: Di 15–19.30, Mi–Fr, So auch 10–12.30, Sa 10–13, 15–20 Uhr. Große Auswahl an Sportmode, insbesondere an Turnschuhen und Sneakern verschiedenster Marken, Formen und Farben.

Märkte

› **Alte Markthalle:** Unter dem Palazzo della Ragione **16** befindet sich die alte Markthalle der Stadt, der Broletto. Hier können Besucher Fisch, Fleisch und andere Lebensmittel und Produkte des täglichen Bedarfs erwerben.

› **Bauernmarkt**: Piazza delle Erbe (Mo–Sa), Prato della Valle (Mo–Sa), Piazza dei Signori (Di–Sa), Piazza della Frutta (Mo–Sa), Via Tartaglia (Mi), Piazza Napoli (Mi), Piazza San Salvatore (Do) und Piazza de Gaspari (Fr). Verkauft werden regionale Produkte wie Obst, Gemüse, Honig, Blumen, Fleisch, Käse, Getreide, etc.

› **Religiöser Markt:** zur selben Zeit geöffnet wie die Basilica di Sant'Antonio **28** auf der Piazza del Santo. Verkauft werden religiöse Gegenstände und Souvenirs wie Kerzen, Magnete, Stifte, Bekleidung.

› **Blumen- und Bekleidungsmarkt:** samstags auf dem Prato della Valle **25**

› **Antiquitäten- und Trödelmarkt:** an jedem dritten Sonntag des Monats auf dem Prato della Valle **25** (8–20 Uhr). Verkauft werden Sammelobjekte, Antiquitäten, Gebrauchtes und allerlei Kurioses.

Padua zum Durchatmen

Vor dem Oratorio di San Michele 21 kann man entlang der Straße **am Kanal** mit Blick auf die Specola verschnaufen und innehalten. Sitzbänke gibt es keine, dafür aber das Mauerwerk des Kanals, das einen Sitz formt und gern von Einheimischen zum Verweilen genutzt wird.

Am **Springbrunnen der Isola Memmia** im Zentrum des Prato della Valle 25 laden etliche Bänke zum Verschnaufen ein. Obwohl der Platz selbst nicht ruhig ist, kann man hier sehr gut entspannen. Der Park **Giardini dell'Arena** in unmittelbarer Nähe der Eremitani-Kirche 3 lädt ebenfalls zu einer Pause ein. Ein Bistro und ein Spielplatz (s. S. 120) sind integriert, sodass für einen Snack gesorgt ist und auch Kindern nicht langweilig wird.

Der Innenhof der **Chiesa di San Francesco** 33 ist mit Bananenstauden und Blumen bepflanzt und strahlt eine immense Ruhe aus. Hier kann man gut vom Trubel der Innenstadt abschalten und mal einige Minuten für sich sein.

In der **Via Gaspari Gozzi** [E2], kurz vor Erreichen des Tempio della Pace 1, befinden sich rechts auf einer Grünfläche unter Bäumen einige schattige Sitzbänke zum Entspannen. Mit dem gegenüber befindlichen Bürogebäude, das sich am Bauhaus-Stil von Walter Gropius orientiert, und einem Bürohaus (links), das im expressionistischen Stil gebaut wurde, lässt sich nebenbei auch noch hervorragend die neuzeitliche Architektur bewundern. Wer die Straße weiter Richtung Zentrum geht, kann weitere schöne Gebäude von unterschiedlichen modernen Architekten bewundern.

Ein lauschiges Plätzchen im Grün unter schattigen Bäumen findet sich im **Parco Boris Giuliano** südöstlich der Scrovegni-Kapelle 2. An der **Ponte Balbino Del Nunzio** [F3] in der Via Leonardo Loredan stehen links und rechts der Brücke zwei Sitzbänke unter Bäumen. Mit schönem Blick auf den Kanal Piovego kann man hier gut abschalten. Wer nach einer Sitzmöglichkeit zum Entspannen nahe des

Im Botanischen Garten 27 findet man immer ein ruhiges Plätzchen

Torre dell'Orologio ⓭ sucht und keine Lust hat, sich in ein Café zu begeben, der findet auf der **Piazza Capitano** [B/C4] Sitzbänke unter Bäumen.

Zwischen dem Parco Treves und dem Orto botanico ㉗ befindet sich der kleine, relativ unbekannte Rosengarten **Roseto di Santa Giustina.** Besonders im Mai und Juni, wenn die Rosen ihre Blüten öffnen, verwandelt er sich in ein duftendes Blütenmeer.

- •87 [E5] **Giardino Monumentale Treves de' Bonfili**, Via B. D'Alviano. Zwischen 1829 und 1835 im englischen Stil erbauter Park. Ein gemächlicher Spaziergang führt an alten Rosenbeständen, Azaleen und Rhododendren vorbei und über Brücken zu historischen Monumenten wie Statuen und Denkmälern. Eine einstündige kostenpflichtige Führung ist ebenso möglich (Infos vor Ort).
- •88 [D7] **Roseto di Santa Giustina**, Via Michele Sanmicheli, 65, geöffnet: Ende April bis Ende Okt. tgl. 9–12, 16–18/19 Uhr, Eintritt frei.
- ㉗ [D6] **Orto botanico:** Der Botanische Garten Paduas lädt mit seiner Baum- und Blütenpracht zum Träumen ein.

Gesetzliche Feiertage

1. Januar	**Neujahr** (Capodanno)
6. Januar	**Heilige Drei Könige** (Epifania)
Ostermontag	**Pasquetta**
25. April	**Befreiung Italiens** (La Liberazione)
1. Mai	**Tag der Arbeit** (Festa del Lavoro)
2. Juni	**Tag der Republik** (Festa della Repubblica)
15. August	**Mariä Himmelfahrt** (Ferragosto)
1. November	**Allerheiligen** (Ognissanti)
8. Dezember	**Mariä Empfängnis** (Festa dell'Immacolata)
25. Dezember	**Weihnachten** (Natale)
26. Dezember	**Tag des heiligen Stefano** (Giorno di Santo Stefano)

☐ *Abendstimmung in Padua*

065pa©gianni triggiani, stock.adobe.com

Zur richtigen Zeit am richtigen Ort

Nahezu in jedem Monat gibt es in Padua etwas zu feiern. Musikevents, Theatervorstellungen, Lesungen, Kinobesuche und wissenschaftliche Vorträge gehören für die Padovani zum Alltag. Das **Fest des heiligen Antonius** am 13. Juni gehört zweifellos zu den wichtigsten Feierlichkeiten der Stadt.

Alle **tagesaktuellen Veranstaltungen** in Padua findet man auf einen Blick unter www.padovaoggi.it/eventi oder https://padovaeventi.comune.padova.it/index.php/eventi.

Lokale Feierlichkeiten

- **Settimana della cultura scientifica e tecnologica,** Ende März bis Anfang April. Kultur- und Wissenschaftswoche, die Termine werden jährlich neu festgelegt.
- **Ostermarkt,** auf den bekannten Plätzen der Altstadt zwischen den beiden Samstagen vor Ostern. Verkauft werden Osterartikel, Spezialitäten und regionale Produkte.
- **Padova Marathon,** April. Der Marathon verläuft u. a. über die letzten 18 km, die der heilige Antonius sterbend auf einem von Ochsen gezogenen Karren zurücklegte (s. S. 61). Der Startpunkt wechselt, das Ende markiert der Prato della Valle.
- **Fiera campionaria,** Mai. Größte Messe im nordöstlichen Italien mit Ausstellern aus verschiedenen Branchen: Möbel, Handwerk, Weinkultur, Tourismus und Freizeit.
- **Rievocazione del Transito di Sant'Antonio,** 12. Juni. Am Abend wird die letzte Reise des heiligen Antonius nachgestellt (s. S. 61). Dazu wird die Statue des Heiligen auf einen Karren gelegt und von der Piazza Azzurri d'Italia über die Via Tiziano Aspetti und die Viale Arcella zum Santuario d'Arcella nordöstlich des Hauptbahnhofs gezogen, in dem der heilige Antonius in einer Mönchszelle starb. Dabei läuten alle Kirchenglocken Paduas.
- **Festa di Sant'Antonio,** 13. Juni. Am Morgen und am Nachmittag finden zwei Messen zum Gedenken des heiligen Antonius statt; am Nachmittag folgt eine Prozession, bei der die Statue des Heiligen durch das Stadtzentrum getragen wird.
- **Heiligenmarkt,** 13. Juni auf dem Prato della Valle 25. Sofern der 13. ein Samstag ist, wird der Markt auf den 14. verlegt. Verkauft werden religiöse und regionale Produkte.
- **Sherwood Festival,** Juni/Juli. 30-tägiges Musikevent von Radio Sherwood, bei dem sich italienische und internationale Musikgruppen auf der Bühne abwechseln.
- **Padova Pride Village,** August. Festival mit Kino und Disco, Theateraufführungen und Musikshows, an dem insbesondere Homosexuelle teilnehmen.
- **Villeggiando.** Im Juli und August finden in den Villen und auf den Plätzen in Padua Veranstaltungen und Shows statt.
- **Padova Vintage Festival** im San Gaetano Kulturzentrum, September. Treffen von Sammlern von Vintage-Artikeln. Die Veranstaltung ähnelt einem großen Vintage-Marktplatz, bei dem so manches Liebhaberstück den Besitzer wechselt. Untermalt wird das Ganze mit Livemusik.
- **Palio di Sant'Antonin,** September. In Arcella wird ein Rennen ausgetragen, bei dem jedes Team einen Holzkarren mit einem Bündel Stroh ziehen muss. Mit dem Wettkampf soll an den sterbenden Antonius erinnert werden, der auf einem Karren Arcella erreichte (s. S. 61).
- **Premio Biennale Internazionale di Architettura „Barbara Cappochin",** Septem-

ber. Internationaler Architektur-Biennale-Preis. Der Wettbewerb hat zum Ziel, Architektur zu fördern, die umweltfreundlich ist und bestehende Strukturen einbezieht. Internationale Architekten stellen ihre Projekte vor, die öffentlich auf Tafeln ausgestellt werden. Es finden zudem Vorträge und multimediale Projektvorstellungen statt. Eine Jury kürt schließlich das beste Projekt.

› **Rievocazioni storiche,** September. Umzüge in den einzelnen Stadtteilen. Schwerpunkt bilden dabei mittelalterliche Umzüge mit hübschen Kostümen. Reiter erhalten die damals typische Ausrüstung und das Pferd wird mit einem entsprechenden Umhang bestückt. Außerdem werden Gesänge und Tänze aus dem Mittelalter aufgeführt.

› **Weihnachtsmarkt:** In der kompletten Innenstadt gibt es vom 8. 12. bis 6. 1. Stände mit typischen Weihnachtsprodukten, Spezialitäten und regionalen Kunst- und Handwerksartikeln.

Feuerwerk auf dem Prato della Valle 25

PADUA VERSTEHEN

042pa-as©ArTo - stock.adobe.com

Padua – ein Porträt

Padua ist komplett flach. Nicht einmal ein Hügelchen kann das Stadtbild um einige Meter heben, obwohl nur 10 km entfernt im Westen die **berühmten Euganeischen Hügel** zum Wandern einladen. Einen Aussichtspunkt wird die Stadt dennoch bald besitzen: Ende 2024 soll im Zentrum Paduas der **Torre degli Anziani** des Palazzo Moroni eröffnet werden. Von dort aus werden Besucher einen unvergesslichen Panoramablick über Padua und die Euganeischen Hügel genießen können (mehr Infos auf padua-erleben.de/torre-degli-anziani).

Padua liegt in der Region **Venetien** (Veneto) im Nordosten Italiens, grenzt an die östliche Po-Ebene und ist nur rund 40 km von Venedig entfernt. Das **Gemeindegebiet** erstreckt sich über rund 93 km² und wird von verschiedenen Kanälen durchquert, die der Stadt im Laufe der Jahrhunderte Form und Schutz verliehen haben. Schlammig-sandiger Boden bildet den geologischen Untergrund. Kies ist seltener anzutreffen, dafür aber unregelmäßige stratigraphische Ebenen, die durch die häufigen Überschwemmungen und Flussumleitungen entstanden sind. Das **Erdbebenrisiko** wird mit der Stufe 4 (Zone 4) als sehr gering eingestuft.

Wer mit dem Auto nach Padua fährt, erreicht zuerst den **Grande Raccordo Anulare di Padova**, einen rund 40 km langen Stadtring. Je nach Abfahrt gelangt man in eines der sechs **Stadtviertel.** Herzstück ist das 5,2 km² umfassende **Quartiere 1**, das Zentrum Paduas mit der Altstadt und der alten Stadtmauer aus dem 16. Jahrhundert. Rund um das Zentrum sind im Uhrzeigersinn die Quartiere 2 bis 6 angeordnet. Das **Quartiere 2 Nord** (Arcella) ist überwiegend ein Wohngebiet mit Mehrfamilienhäusern, das von der Tram SIR 1 durchquert wird. Das etwa 28 km² große **Quartiere 3 Est** wird von den drei Kanälen Piovego, San Gregorio und Scaricato durchkreuzt. Hier befinden sich auch das für Nordostitalien wichtigste Messegelände, das Industriegebiet und die Via Anelli in Stanga. Das **Quartiere 4 Sud-Est** (17,58 km²) mit Ein- und Mehrfamilienhäusern und zum Teil recht hübschen Gärten ist hauptsächlich ein Wohngebiet. Der Bacchiglione durchzieht den Stadtteil als Kanal und die breit angelegten Straßen sowie die üppige Bepflanzung machen aus ihm eine Vorstadtidylle.

068pa©JackF, stock.adobe.com

Im **Quartiere 5 Sud-Ovest** (ca. 14 km²) befindet sich neben einem Wohngebiet und dem Bacchiglione auch der Flughafen Paduas. Das **Quartiere 6 Ovest** ist mit 21,88 km² der zweitgrößte Stadtteil. Hier tobt zumindest zur Fußballsaison das Leben, denn hier befindet sich das Stadio Euganeo. Ansonsten ist der Stadtteil hauptsächlich mit schmucken Einfamilien- oder Mehrfamilienhäusern bebaut. Felder und Gärten durchziehen das Gebiet, Straßen ähneln zum Teil langen Landstraßen und es herrscht eine gewisse Vorstadt-, wenn nicht sogar Dorfidylle.

Im **Zentrum Paduas** befinden sich nahezu alle bekannten Sehenswürdigkeiten, Museen und Einkaufsstraßen sowie das ehemalige jüdische Ghetto 18. Große Palazzi, enge, von Arkaden gesäumte Gassen, historische Plätze, imposante Sakralbauten und mittendrin der Botanische Garten 27 als grüne Lunge machen die Altstadt aus. Rund herum erinnern alte Stadttore und Überbleibsel der Stadtmauer sowie der historische Hafen an längst vergangene Zeiten. Glanzvolle architektonische Höhepunkte der Serenissima (s. S. 13) sind im gesamten Zentrum verteilt, ebenso wie lauschige Cafés und gesellige Trattorien.

Die **Kanäle**, die die Altstadt ringförmig durchziehen, prägen mit ihren zahlreichen Brücken das Stadtbild. Padua wird im Süden vom Fluss Bacchiglione und im Norden von der Brenta durchflossen, die sich auf ihrem Weg durch die Region Venetien bei Chioggia in die Adria ergießen. Von diesen beiden Flüssen gehen sämtliche Kanäle ab, die die Stadt durchqueren.

Der **Bootsverkehr** wird in Padua aktuell ausgebaut. Bisher können Touristen nur auf dem Kanal Piovego und dem Tronco Maestro entlang der alten Stadtmauern vom Boot aus die Aussicht auf die Stadt genießen, die inneren Kanäle sind nicht befahrbar. In den kommenden Jahren will die Stadt die Kanäle und Ufer aber reinigen, instand setzen und gegebenenfalls neu bepflanzen. Insbesondere sollen dann auch behindertengerechte Bootsausflüge angeboten werden können. Bis dahin erfreuen sich viele Paduaner an den zahlreichen Radwegen entlang der Kanäle, die auch gern zum Joggen und für Spaziergänge genutzt werden. Außerhalb des Zentrums hat die Stadt entlang der Kanäle Picknick- und Grillzonen eingerichtet.

Generell hat sich Padua in den letzten Jahren gemausert. Die **Infrastruktur** wurde ausgebaut und man ist stolz auf die bisher 168 km Fahrradpisten und will diese in den nächsten Jahren auf bis zu 300 km ausbauen. Die bisher einzige Straßenbahnlinie (SIR 1) durchquert das Stadtgebiet von Nord nach Süd und die zahlreichen, in alle Richtungen verkehrenden Busse erschließen den Rest des Stadtgebiets.

Padua in Zahlen

- **Gegründet:** 1184 v. Chr.
- **Einwohner:** ca. 209.800 (Dez. 2022)
- **Bevölkerungsdichte:** 2255 Personen/km²
- **Fläche:** 93,03 km²
- **Höhe ü. M.:** 12 m
- **Seismische Zone:** Kategorie 4 (niedrig)

« S. 101: Die Statue von Andrea Memmo (s. S. 53) auf dem Prato della Valle 25

‹ Padua von oben: in der Mitte der Palazzo della Ragione 16, dahinter der Torre dell'Orologio 13

Von den Anfängen bis zur Gegenwart

Padua ist eine der ältesten Städte Italiens und blickt auf eine bewegte Geschichte mit blutigen Auseinandersetzungen, Machtwechseln und zahlreichen Tragödien wie Erdbeben und Brände zurück. Bereits im Römischen Reich wurde sie zu einem der wichtigsten **Handelszentren** Norditaliens, entwickelte sich im Mittelalter und in der Renaissance zur begehrten und hoch angesehenen **Gelehrtenstadt** und ist heute eine immer weiter wachsende **Industrie- und Kulturstadt der Moderne.**

Berühmte Maler und **Bildhauer** wie Donatello, Giotto di Bondone, Giusto de' Menabuoi, Tiziano Vecellio, Andrea Mantegna und Altichiero da Zevio hinterließen eindrucksvolle Kunstwerke. Der Geschichtsschreiber Titus Livius, der Universalgelehrte Galileo Galilei, der Autor und Humanist Sperone Speroni und der Naturphilosoph Alberto Fortis bereicherten Padua mit ihrem grandiosen Wissen. Berühmte **Schriftsteller** und **Dichter** wie Joseph Almanzi, Ippolito Nievo, Arrigo Boito und selbst Johann Wolfgang von Goethe waren in Padua tätig und der Mitbegründer des Renaissance-Humanismus, Francesco Petrarca, besuchte die Stadt oft und ließ sich in Arquà (heute Arquà Petrarca) nieder.

1185 v. Chr. Der Sage nach wird Padua durch den Trojaner Antenor gegründet.

ab dem 11. Jh. v. Chr. Padua entsteht am Ufer des Flusses Brenta

302 v. Chr. Angriff Pataviums (Paduas) auf den spartanischen Prinzen Kleonymus mit anschließendem Bau eines Tempels für die römische Göttin Juno als Dank für den Sieg

226 v. Chr. Bündnis von Patavium und Rom gegen die Gallier. Die letzte Invasion der Gallier in Italien endet 225 v. Chr.

216 v. Chr. Pataviner treten an der Seite von Rom in der Schlacht von Cannae in den Zweiten Punischen Krieg ein.

175 v. Chr. Padua bittet Rom um Hilfe, um im eigenen Territorium einen Bürgerkrieg zu verhindern.

91 v. Chr. Padua kämpft an der Seite Roms gegen aufständische Rebellen, die 175 v. Chr. eine „antirömische Partei“ gegründet haben.

45 v. Chr. Padua wird offiziell römische Gemeinde und wird durch Pferdezucht eine der reichsten Städte.

7 n. Chr. Unter Kaiser Augustus wird Padua in die Regio X (heute Regio X Venetia et Histria) eingegliedert und ist durch die Römerstraße Via Annia mit der Adria verbunden.

452–453 Padua wird von den Hunnen zerstört.

17.10.589 Der Fluss Etsch verursacht katastrophale Überschwemmungen, die eine hydrografische Umverteilung und eine massive Veränderung des Flusspanoramas in Venetien nach sich zieht. Die Brenta in Padua ändert dadurch ihren Verlauf nach Norden und wird im Süden durch den Bacchiglione ersetzt.

535–553 Krieg zwischen den Goten und Byzanz. Padua wird 540 von Narses, dem General Justinians, eingenommen.

601 Die Stadt wird von den Langobarden erobert und komplett zerstört.

ab 874 Padua wird in die Markgrafschaft Verona eingegliedert.

899 Die Ungarn überfallen Norditalien und damit auch Padua.

951 Padua wird durch das Herzogtum Bayern und ab 975 vom Herzogtum Kärnten kontrolliert.

ab 1000 Padua erholt sich wirtschaftlich und militärisch und etabliert sich allmählich als unabhängige Gemeinde.

1004 Ein starkes Erdbeben zerstört einen großen Teil Paduas.

1115 Die Stadt Vicenza bittet Padua um eine Genehmigung für den Transit entlang des Bacchiglione, um für die Versorgung mit Grundnahrungsmitteln eine Handelsroute zum Meer einzurichten. Die Erlaubnis für den Bau des Kanals Brentella, der die Flüsse Brenta und Bacchiglione verbinden sollte, wird erteilt, aber später genau wie die Transitgenehmigung auf dem Landweg wegen Differenzen widerrufen.

3.1.1117 Schweres Erdbeben, bei dem viele bedeutende Gebäude großen Schaden nehmen oder komplett zerstört werden.

1145 Als Vergeltung für das Widerrufen der Baugenehmigung für den Brentella-Kanal leiten die Vicentini das Wasser des Bacchiglione durch eine Sperre um in den Bisatto-Kanal und lassen Padua sozusagen austrocknen. Dies führt zum Krieg mit Vicenza, der zwei Jahre andauert. Konflikte dieser Art treten mehrmals auf. 1314 wird beschlossen, den Brentella-Kanal endgültig zu bauen.

1174 Ein verheerendes Feuer bricht aus und verwüstet drei Viertel der Stadt.

1189–1201 Der Battaglia-Kanal des Bacchiglione mit einem Gefälle von 7,50 m entsteht. Er ist für den Betrieb von Mühlen und Fabriken wichtig.

1209 Bau des wichtigen Kanals Piovego, der Padua mit dem Fluss Brenta und dem heutigen Naviglio Brenta verbindet

1222 Gründung der Universität Padua

1231 Der heilige Antonius stirbt, Beginn der Errichtung der Basilica di Sant'Antonio.

1237–1256 Herrschaft des Tyrannen Ezzelino III. da Romano in Padua. Mehr als 10.000 Padovani sollen bei seiner Machtübernahme ums Leben gekommen sein.

1303–1305 Giotto di Bondone bemalt die Scrovegni-Kapelle mit außergewöhnlich schönen Fresken.

1318 Beginn der Herrschaft der Carraresi, unter der Padua seine kulturelle Blütezeit erreicht.

1387 Schlacht bei Castagnaro zwischen der Armee der Scaligeri, den Herren von Verona, und der Armee der Carraresi, bei der Letztere siegen.

1388 Übernahme Paduas mitsamt aller Territorien durch Mailand

1390 Die Herrschaft über Padua wird unter Mithilfe von Florenz und Venedig erneut von der Signoria Carrara übernommen.

1405 Padua geht nach einem langen Kampf an die Venezianer und wird in die venezianische Republik eingegliedert. Die letzten Carraresi-Familienmitglieder werden in das berüchtigte Gefängnis von Piombi (auch bekannt als die „Bleikammern") verschleppt und dort ermordet.

077pa-sm

› Das Grab des Antenor 34 *aus dem 13. Jahrhundert*

044pa-sm

1450 Das Reiterdenkmal Gattamelata von Donatello entsteht.

1509 Padua fällt beim großen Venezianerkrieg (1508–1516) kurzzeitig in die Hände der Liga von Cambrai, einem Bündnis zwischen dem englischen König Heinrich VIII., dem ungarischen König Vladislav II., Papst Julius II. und dem aragonesischen König Ferdinand der Katholische.

17. Jahrhundert Militärisch und politisch ruhige Zeit für Padua. Erlass einer Bestimmung, dass alle erwachsenen Männer aus Adelsfamilien automatisch in den Gemeinderat aufgenommen werden.

1776 Entstehung des „modernen" Prato della Valle, nachdem der alte Platz im 17. und 18. Jahrhundert massiv überschwemmt wurde.

20.12.1778 Grundsteinlegung für das Universitätskrankenhaus

28.4.1797 Besetzung der Stadt durch die Franzosen. Niedergang der venezianischen Herrschaft.

17.10.1797 Padua wird im Zuge des Friedens von Campoformio an Österreich abgetreten.

7.4.1815 Padua wird in das Königreich Lombardo-Veneto eingegliedert.

1842 Eröffnung der Eisenbahnlinie Padova – Marghera (heute Venezia – Milano), was zur Verarmung der an den Wasserstraßen lebenden Bürger führt. Der Wasserverkehr samt seiner pulsierenden Wirtschaft bricht ein.

8.2.1848 Studentenaufstand gegen die österreichische Herrschaft, welcher vom Caffè Pedrocchi (s. S. 90) ausgeht.

20.6.1866–12.8.1866 Während des Dritten Unabhängigkeitskrieges zwischen Österreich und Italien marschiert der erste König von Italien, Vittorio Emanuele II., in Padua ein.

21.–22.10.1866 Angliederung Paduas und Venetiens an das Königreich Italien

1914–1918 Erster Weltkrieg. Padua wird Sitz verschiedener Militärkommandos.

11.11.1916 Eine österreichische Bombe trifft einen Luftschutzbunker in der Bastion der Gatta, einem Teil der Stadtmauer von Padua, und tötet 93 Menschen.

9.8.1918 Der Schriftsteller, Soldat und Politiker Gabriele D'Annunzio macht sich als Teil des 87. Flugzeuggeschwaders „Serenissima" in einem Ansaldo-S.V.A.-Flugzeug zu einem Propagandaflug über Wien auf, wo die Flugzeuge statt Bomben Tausende von Flugblättern abwerfen.

1918 Unterzeichnung des Waffenstillstands in der Villa Giusti del Giardino nahe Padua, der den Krieg zwischen Italien und den Zentralmächten beendet

1939–1945 Zweiter Weltkrieg, bei dem in Padua zahlreiche Kunstwerke zerstört werden, darunter die herrlichen Fresken von Andrea Mantegna in der Eremitani-Kirche 3. Padua wird Sitz des Regionalkommandos der Resistenza (Widerstand) in Venetien, des Koordinierungszentrums des CLN (Comitato di Liberazione Nazionale, Komitee der nationalen Befreiung) für die Region.

26.4.1945 Partisanen aus Padua übernehmen die Kontrolle über die Brücken der Brenta und können so die Artillerie der Deutschen blockieren, die die Stadt angreift.

27.4.1945 Kapitulation der deutschen Wehrmacht in Padua

12.11.1945 Die Universität von Padua erhält als einzige Universität Italiens eine Goldmedaille für militärische Tapferkeit während des Widerstands.

Nach 1945 Die Nachkriegszeit ist für Padua von einem kontinuierlichen wirtschaftlichen Wachstum geprägt.

‹ Der venezianische Markuslöwe vor dem Torre dell'Orologio 13.

Ende der 1960er-Jahre Es kommt zu politischen Spannungen, vor allem unter den großen Studenten- und Universitätsgemeinschaften. Am 15. April 1969 explodiert im Büro des Rektors der Universität eine Bombe, die zwar keine Menschenleben kostet, aber erhebliche Schäden anrichtet.

17.6.1974 Erster Mord der kommunistischen Untergrundorganisation Brigate Rosse (Rote Brigaden) in Padua. Weitere Morde werden bis in die 1980er-Jahre hinein begangen.

2004–2007 Bau des 85 m hohen Wolkenkratzers Torre Net, der mit Büroräumen ausgestattet ist

2005 Errichtung des Denkmals „Memoria e Luce" von Daniel Libeskind

Februar 2007 Eine neue Zelle der terroristischen linksradikalen Organisation Brigate Rosse (Nuove BR) wird in Padua aufgedeckt. Die ursprüngliche BR wurde 1970 gegründet und hatte einen revolutionären bewaffneten Kampf für den Kommunismus zum Ziel.

24.03.2007 Die neue Straßenbahn wird in Betrieb genommen. Sie ist mit einem Translohr-System ausgestattet, d. h., sie fährt auf Gummireifen.

2020 Padua wird Europäische Freiwilligenhauptstadt 2020.

2021 Nach dem Covid-19-Lockdown 2020 und einem massiven Einbruch der Besucherzahlen nimmt der Tourismus 2021 wieder rasant zu.

2023 In Padua ändern sich die Öffnungszeiten für die Geschäfte der Markthalle unterhalb des Palazzo della Ragione 16. Eine neue Verordnung besagt, dass sie 44 Stunden pro Woche geöffnet haben müssen.

2024 Der Torre degli Anziani des Palazzo Moroni neben dem Palazzo della Ragione soll Ende des Jahres eröffnen. Von seiner Spitze aus können Besucher dann das Panorama der Stadt Padua und der Euganeischen Hügel bewundern.

Leben in der Stadt

Padua gehört aufgrund seiner schnellen Industrialisierung zu den wichtigsten Städten in Venetien und Norditalien. 1956 wurde im östlichen Teil der Stadt mit einer Fläche von über 1000 Hektar **eines der größten Industriegebiete Europas** geschaffen. Über 1300 Unternehmen sind hier angesiedelt und mehr als 50.000 Menschen aus der gesamten Region haben dort ihren Arbeitsplatz. Viele der Waren, die von Italien ins Ausland oder vom Ausland nach Italien gesendet werden, durchlaufen Padua. Eine eigens für die Industriezone geschaffene Bahnlinie Padova Interporto – Padova unterstreicht die Wichtigkeit des Gebiets.

Grundsätzlich ist Padua vom **Handwerk** bestimmt, insbesondere die Produktion von Musikinstrumenten, Goldschmiedearbeiten und die Keramik- und Porzellanherstellung, aber auch die Verarbeitung von Kunststoff spielen eine wichtige Rolle. Auch der **Tourismus** ist ein bedeutender Wirtschaftsfaktor. Von 2010 bis 2017 konnte Padua seine Besucherzahlen um bemerkenswerte 55 Prozent erhöhen.

Zum 800. Geburtstag der Universität im Jahr 2022 wurde Padua für den Titel der Kulturhauptstadt vorgeschlagen und auch wenn die Stadt es nicht geschafft hat, so hat sie sich den Titel der **„Europäischen Freiwilligenhauptstadt 2020“**, den ihr das Brüsseler Centre for European Volunteering verliehen hat, auch verdient. Jedes Jahr wird dieser Titel an Städte vergeben, deren Bürger ein besonderes Engagement an den Tag legen, und in denen das Zusammenspiel zwischen Politik, Verwaltung und Zivilgesellschaft besonders gut funktioniert. In Padua haben 2020 zum Beispiel 2336 Freiwillige 19.430 Stunden ihrer Zeit darauf verwendet, anderen Menschen zu helfen.

Auch das ist Padua: moderne Farbtupfer zwischen mittelalterlichen Palazzi

045pa-sm

046pa-sm

Padua vernetzt sich, wächst und lockt immer mehr Menschen an. 2018 löste der **Fahrradmasterplan** 2018/2022 den von 2015 ab. Der neue Plan sieht unter anderem den Ausbau der bisher 168 km langen Fahrradwege bis 2030 auf 300 km vor. Das ist nicht nur für Urlauber, sondern vor allem für Einheimische wichtig, denn Padua hat die höchste Fahrradquote in Italien. 17 Prozent der innerstädtischen Fahrten werden mit dem Rad zurückgelegt. Kein Wunder, denn in allen Teilen der Stadt gibt es unzählige Einbahnstraßen, Kopfsteinpflaster, Einkaufsstraßen, verkehrsberuhigte Zonen und mittelalterliche, enge Gassen. Wer dennoch ins Auto steigen mag, muss Zeit mitbringen. Der Verkehrsfluss ist durch die zahlreichen Ampeln, besonders im Zentrum, mehr als langsam und Parkmöglichkeiten sind begehrtes Gut. Die Fahrt mit dem Rad spart daher Zeit, Nerven und Geld. Wer keinen eigenen Drahtesel besitzt, kann sich einen leihen. An allen wichtigen Punkten sind an *cicloposteggi* (Fahrradabstellplätze) Leihfahrräder vorhanden (s. S. 123).

⌃ *Zeitgenössische Architektur nahe dem Bahnhof*

Wie jede schnell wachsende Stadt ist auch Padua Anziehungspunkt für **Zuwanderer**, deren Anteil 2020 bei 15,64 % der Bevölkerung lag, allerdings geht man von einer hohen Dunkelziffer an illegalen Zuwanderern aus. Den **Venezianern** wird in Italien eine gewisse Verschlossenheit nachgesagt. Allerdings ist diese Charaktereigenschaft in Padua kaum zu spüren. Besucher sind herzlich willkommen und erhalten gern auch Tipps für Besichtigungen, Veranstaltungen und zu guten Lokalen in der Stadt. Feierlichkeiten sind ausgelassen und das längere Schwatzen auf der Straße und im Café gehört zum Lebensalltag einfach dazu. Die Zugehörigkeit zur **katholischen Kirche** und der damit verbundene Glaube ist den **Paduanern**

sehr wichtig, weshalb sie jedes Jahr etliche Feste zu Ehren ihres Heiligen veranstalten. Auch hegen sie eine ausgeprägte **Liebe zu ihrer Stadt** und zur Region. Kaum ein Lokal, das kein traditionelles Gericht anbietet, und kaum ein Paduaner, der nicht im venezianischen oder paduanischen Dialekt spricht.

Das Leben spielt sich meist auf der Straße ab. Wer nicht gerade seinem Broterwerb nachgeht, der sitzt mit Freunden, Bekannten oder Arbeitskollegen im Café oder in der Bar bzw. in deren Außenbereichen, um eine kleine Auszeit zu genießen oder macht eine Pause in einer der kleinen Parkanlagen. Zumeist sind vormittags Frauen unterwegs, um Einkäufe auf den Märkten zu erledigen. Ältere Herrschaften kehren in Bars ein, um gemütlich einen *caffè* zu trinken und dabei in geselliger Runde über die vergangenen Tage zu plaudern.

Trotz des täglichen Trubels bleibt Padua eine überschaubare Stadt mit einer erstaunlich gut funktionierenden Müllabfuhr. Die Straßen in der Innenstadt sind sauber, selten sieht man Abfall. Hier und da machen an Wänden und Garagentoren Graffiti auf sich aufmerksam, aber der bunte Blumenschmuck auf den Balkonen und die leuchtende Reklame in den Schaufenstern lenken davon schnell wieder ab.

Rund um den Prato della Valle 25 fährt die einzige Straßenbahnlinie der Stadt

PRAKTISCHE REISETIPPS

070pa©Руслан Секачев, stock.adobe.com

An- und Rückreise

Mit Flugzeug und Regionalbahn

Wer mit dem Flugzeug anreist, fliegt entweder nach **Bologna, Bergamo** oder nach **Venedig** und fährt von dort aus mit der **Regionalbahn** weiter nach Padua. Zwischen den Flughäfen von Bergamo, Bologna und Venedig und den entsprechenden Hauptbahnhöfen verkehren Busse und Shuttletaxis.

Bahntickets sind in Italien am Automaten oder am Infoschalter erhältlich. Bei Letzteren muss man sich aber auf teilweise lange Wartezeiten einstellen, daher ist es besser, bereits online zu buchen (www.trenitalia.com). Zwischen Landung und Abfahrt am Bahnhof sollte man mindestens zwei Stunden einplanen.

› Mit Ryanair bis Bergamo (z. B. direkt ab Berlin), dann mit der Bahn in rund 3½ Std. nach Padua (Umstieg in Brescia, von dem Regionale Trenord in die Frecciarossa 9799). Alternativ mit dem Bus bis Vicenza und von dort aus mit der Bahn nach Padua (ebenfalls etwa 3½ Std.). Preise abhängig von der Reisezeit: ab 20 € für den Flug und zwischen 15 und 80 € für Bus und Bahn.

› **Mit EasyJet bis Venedig Marco Polo** (z. B. direkt ab Berlin), von dort aus mit der Bahn nach Padua (je nach Zugart in 15 bis 35 Min.); Kosten abhängig von der Reisezeit: rund 30 € für den Flug und ab 3,60 € für das Bahnticket. Mit dem Shuttlebus kann man vom Flughafen von Venedig auch direkt nach Padua fahren (35 €, www.airserviceshuttle.it/en/bus-navetta).

› **Mit Ryanair oder Eurowings nach Bologna** (z. B. ab Köln/Bonn, ab 32 €), von dort aus mit dem Zug nach Padua (1 bis 1½ Std., mit dem Regionale Veloce oder Frecciarossa 1000, ab 10,40 €)

Mit dem Auto

› Über den Brenner kommend fährt man auf der A 22 über Bolzano (Bozen) und Trento (Trient) und dann auf der E 70 über Verona nach Padua (ab Brenner ca. 320 km). Alternativ kann man ab Trento über Castelfranco Veneto fahren (ca. 280 km).

Maut

Wer mit dem Auto von Deutschland über **Österreich** nach Italien fährt, muss eine **Vignette** kaufen, um die österreichischen Autobahnen nutzen zu dürfen. Infos zu Varianten und Preisen findet man unter www.adac.de/reise-freizeit/maut-vignette/oesterreich.

Auch in **Italien** fallen für die Nutzung der Autobahnen Mautgebühren an. Das Einfachste für Italienurlauber ist die Zahlung der Gebühr vor Ort direkt an der Mautstation. Man kann sie bar (weißes Schild mit Banknoten) oder auch mit Giro- und Kreditkarte (blaues Schild) begleichen.

Ein Erwerb des sogenannten **Telepass** für das elektronische Bezahlsystem ist ebenfalls möglich (beispielsweise vorab über www.tolltickets.com). Hierbei fallen aber eine zusätzliche monatliche Mietgebühr für die Mautbox und eine Aktivierungsgebühr an. Der Vorteil ist, dass man an der Mautstation nicht warten muss und die Abrechnung der Gebühren direkt vom Bankkonto geschieht.

› Infos zur Maut in Italien: www.adac.de/reise-freizeit/maut-vignette/italien

› **Mautrechner:** https://maps.adac.de

▷ Padua aus der Vogelperspektive

◁ Vorseite: Padua ist auch mit der Bahn zu erreichen

Mit dem Bus

- Mit dem FlixBus (www.flixbus.de) nach Verona und von dort aus mit der Regionalbahn R 3519 Richtung Santa Lucia nach Padua.

Mit dem Zug

- Mit dem Zug bis München, von dort aus in den Eurocity EC 89 bis Verona Porta Nuova (ca. 5½ Std. Fahrtzeit), dann mit dem Regionalzug Trenitalia R 3519 Richtung Venezia Santa Lucia bis Padua (1 Std. Fahrtzeit). Alternativ von München mit der Bayerischen Regiobahn nach Kufstein (1 Std.) und von dort mit dem EC 87 Richtung Venezia Santa Lucia bis Padua (ca. 5½ Std.). Der **Bahnhof von Padua** [D1] befindet sich im nördlichen Zentrum.

Autofahren

Padua mit dem Auto zu erkunden, lohnt sich nicht wirklich. Fast alle wichtigen Sehenswürdigkeiten befinden sich in der Innenstadt, die größtenteils eine **Zona a Traffico Limitato (ZTL)** ist. Nur Anwohner oder Personen mit einer Genehmigung dürfen in diesen Bereichen mit dem Auto fahren. Man muss also auf umliegende Parkplätze ausweichen und die Stadt zu Fuß oder mit öffentlichen Verkehrsmitteln erkunden. Frei in der Stadt umherfahren dürfen nur Fahrräder, Motorräder, Mopeds und elektrisch angetriebene Fahrzeuge.

Wer mit dem Auto nach Padua fährt, parkt es am besten auf dem kostenpflichtigen **Parkplatz** am Prato della Valle 25 und beginnt seine Erkundungstour von dort aus. Nicht zu empfehlen ist das Abstellen des Autos in den Seitenstraßen rund um den Bahnhof, auch wenn es dort an manchen Stellen kostenfreie Parkmöglichkeiten gibt. Autoeinbrüche sind in dieser Gegend keine Seltenheit. Eine Ausnahme bilden die bewachten Parkhäuser.

Eine **blaue Umrandung** an Parkflächen entlang der Straßen zeigt an, dass für das Parken ein Parkschein gezogen werden muss. Zudem kann man hier nur zwischen 8 Uhr und 20 Uhr stehen, danach muss das Auto umgeparkt werden. Parkplätze mit **weißer**

071pa©VeSilvio, stock.adobe.com

072pa©ArTo, stock.adobe.com

Umrandung sind kostenlos, allerdings sind eventuell zusätzlich aufgestellte Schilder zu beachten. Es kann sein, dass ein Parken nur in einer bestimmten Zeitspanne möglich ist.

Generell sollte man in der Stadt mit größter Vorsicht fahren, denn es muss immer und überall mit **Fahrradfahrern** gerechnet werden. Auch in kleinen Seitengassen kann plötzlich ein Radfahrer um die Ecke gebogen kommen. Zudem muss man mit Behinderungen durch Baustellen und Straßenbahnen, ungeduldige Autofahrer, Busse, viele Passanten und Touristen sowie einen Dschungel aus Einbahnstraßen rechnen.

Besondere Vorsicht ist in Padua an der Piazza delle Erbe, der Piazza della Frutta und der Piazza dei Signori geboten. Hier fehlen zum Teil sämtliche Markierungen, sodass der Weg für Passanten und die Fahrbahn komplett verschmelzen.

Innerorts gilt in Italien ein **Tempolimit** von 50 km/h, wobei das Fahrtempo der Italiener meist höher ist. Außerorts gilt für **Pkws** und für **Wohnmobile bis 3,5 t** ein Tempolimit von 90 km/h, auf Schnellstraßen von 110 km/h und auf Autobahnen von 130 km/h. **Wohnmobile von 3,5 t bis max. 7,5 t** dürfen außerorts und auf Schnellstraßen mit max. 80 km/h und auf Autobahnen mit 100 km/h unterwegs sein. Für **Wohnwagengespanne** gilt außerorts und auf Schnellstraßen eine Höchstgeschwindigkeit von 70 km/h und auf Autobahnen von 80 km/h. **Fahranfänger** (Führerschein unter 3 Jahre alt) dürfen auf Schnellstraßen höchstens 90 km/h und auf Autobahnen max. 100 km/h fahren.

In Italien gibt es neben den bekannten Verkehrsschildern auch besondere Schilder, die beachtet werden sollten. So gibt die **„Zona di silenzio“** ein

⌃ *Auf den Kopfsteinpflasterstraßen der Stadt wird man ordentlich durchgerüttelt*

Hupverbot an, die „**Deviazione**" stellt eine Umleitung dar, der Hinweis „**Tenere la destra**" bedeutet rechts fahren, „**Tutte le direzioni**" bedeutet alle Richtungen und „**Rallentare**" langsam fahren. Der „**Senso unico**" ist eine Einbahnstraße und der Hinweis „**Sbarrato**" bedeutet gesperrt. Mit „**Inizio Zona tutelata**" wird der Beginn einer Parkverbotszone markiert.

Sollte man einen **Unfall** haben, gilt es, die Ruhe zu bewahren, die Polizei zu verständigen und den Fahrzeug- sowie den Führerschein bereitzuhalten. Wer eine **Panne** hat, sollte versuchen, an den Straßenrand zu fahren und dann entweder eine nahe Kfz-Werkstatt anzurufen oder einen Automobilclub wie den ADAC, der in Italien weit verbreitet ist.

Getankt wird in Italien entweder selbst oder aber mit Service *(servito)*. Dabei übernimmt der Tankwart *(benzinaio)* das Füllen des Tanks und säubert in vielen Fällen die Autoscheiben. Bezahlt wird entweder mit EC- oder Kreditkarte in der Tankstelle bzw. am Automaten oder bar am Auto gleich beim Tankwart. Super bleifrei heißt auf Italienisch *Senza piombo*, Diesel *Gasolio*, Super Plus mit 98 Oktan *Benzina verde*. Erdgas wird als GPL *(Gas propano liquido)* oder *Metano* bezeichnet. Super E10 gibt es in Italien nicht.

Mietwagen

› **Europcar Padova,** Piazzale della Stazione, IV c/o, 6, 35131 Padova, Tel. 049657877, www.europcar.de, Mo–Sa 8.30–12.30, Mo–Fr 15–19 Uhr, am Hauptbahnhof

› **Locauto,** Via fra' G. Eremitano, 8, 35138 Padova, Tel. 0498754286, www.locautorent.com, Mo–Fr 8–19, Sa 9–14 Uhr, am Hauptbahnhof

Parken

P89 [bf] **Central Park,** Via Annibale da Bassano, 1, westlich des Hauptbahnhofs: 241 Parkplätze im Parkhaus, 24 Std. geöffnet, 2 €/Std.

P90 [ag] **Park dei Colli,** Via Ss. Fabiano e Sebastiano, unmittelbar neben dem Flughafen im Westen der Stadt, 284 Parkplätze im Freien, geöffnet: 8–20 Uhr, 2 €/Std.

P91 [E1] **Park Pace,** Viale Della Pace, 30, 247 Parkplätze im Parkhaus, oft voll, geöffnet: Mo–Sa 7–21 Uhr, 1 €/Std., halber Tag 3,50 €, ganzer Tag 6,50 €

P92 [C3] **Park Piazza della Insurezzione,** Piazza Dell Insurrezione, 12, 126 Parkplätze im Freien, 24 Std. geöffnet, wochentags 1.01–7.59 und 20.01–1 Uhr 3 € pro Stunde, 8–20 Uhr 3 € für die erste Stunde und 3,50 € für jede weitere Stunde. In den Ferienzeiten gelten leicht vergünstigte Tarife, bedingt für Wohnwagen geeignet, direkt an der Grenze zum ZTL-Bereich (s. S. 113)!

P93 [D7] **Parkplatz Prato della Valle,** Via 58° Reggimento Fanteria, 1, 35123 Padova, www.bestinparking.it/garage/padova/58deg-fanteria-carducci/snc, geöffnet: 24 Std., 1 €/Std., Tageskarte 12 €. Großer, unbewachter Platz mit Parkschranke. Da er nicht in der Höhe begrenzt ist, ist er auch für Wohnmobile und Wohnwagen geeignet. Behindertenparkplätze existieren bislang nicht.

P94 [E1] **Park Tommaseo,** Via Nicolò Tommaseo, 56, Parkhaus mit 124 Parkplätzen, 24 Std. geöffnet, 7.01–20 Uhr 1 € für die erste Stunde, alle folgenden 1,50 €, 20.01–7 Uhr 3 € pro Stunde

› Eine gute **Übersicht der Parkplätze im ZTL-Bereich** bietet eine Karte der Comune Padova, die man unter dem folgenden Link als PDF herunterladen kann: www.padovanet.it/sites/default/files/attachment/parking_map_Padova_14.12.2018.pdf.

Barrierefreies Reisen

Padua ist nur bedingt für Menschen mit Behinderungen *(persone con disabilità)* geeignet. Etliche Museen und Sehenswürdigkeiten sind **nicht barrierefrei** zugänglich und viele Fußgängerwege haben hohe Bordsteinkanten oder sind angesichts von Treppen und unebenen Bodenbelägen schwieriger zu meistern. An den meisten Ampeln sind **Tonsignale** installiert, sodass Sehbehinderte sicherer die Straße überqueren können. Busse und Tram haben zumeist keine behindertengerechte Ausstattung, jedoch gern beim Ein- und Aussteigen geholfen.

Für Menschen mit ausgewiesenem Behindertengrad ist eine **Sondergenehmigung** für das Fahren im ZTL-Bereich (s. S. 113) und das Parken auf entsprechenden Parkplätzen erhalten. Den Antrag muss man mindestens 48 Stunden vor der Anreise stellen (www.padovanet.it/informazione/contrassegno-persone-con-disabilita).

047pa-sm

Speziell für gehbehinderte Personen bietet Padua seit 1982 z. B. für Fahrten zu den Sehenswürdigkeiten einen **Service-Bus** an. Dieser verkehrt täglich von 7 bis 19 Uhr im Stadtgebiet. Für eine Nutzung muss die gebührenfreie Telefonnummer 840001055 angerufen werden. Es werden dann auf Italienisch oder Englisch der Vor- und Nachname, der Tag und die Uhrzeit, der Abholort, das Ziel und die Rückkehrzeit abgefragt.

Diplomatische Vertretungen

- **Deutsche Botschaft in Rom,** Via San Martino della Battaglia, 4, 00185 Rom, Tel. 06492131, www.italien.diplo.de, Mo–Fr 9–12 Uhr (nur mit Termin)
- **Österreichische Botschaft in Rom,** Via Pergolesi, 3, 00198 Rom, Tel. 068440141, www.aussenministerium.at/rom, Mo–Fr 9–12 Uhr
- **Schweizer Botschaft in Rom,** Via Barnaba Oriani, 61, 00197 Rom, Tel. 06809571, www.eda.admin.ch/roma, Mo–Fr 9–12 Uhr

Geldfragen

Grundsätzlich ist Padua **kein allzu teures Reiseziel.** In der Nebensaison von Oktober bis März liegen die **Unterkünfte** im Preisniveau jedoch weitaus niedriger als in den Frühlings- und Sommermonaten. Im Juli und August erreichen die Preise gewöhnlich

◁ Souvenirs kann man meist in der Nähe der Sehenswürdigkeiten kaufen

ihren Höhepunkt. Ein normales Doppelzimmer in der Innenstadt in einem 1- bis 3-Sterne-Hotel kostet in der Nebensaison mit Frühstück für zwei Personen zwischen 40 und 80 €. In der Hauptsaison in der niedrigsten Kategorie ab 60 € aufwärts. Für eine **Pizza** in einer Pizzeria werden in zwischen 6 und 8 € fällig. Wer in die Osteria, Trattoria oder in das Restaurant geht, den erwarten höhere Preise. Ein Menü mit Vorspeise, Hauptgang und Dessert ohne Getränke liegt bei rund 25 bis 35 €.

In Italien kann man – wie überall innerhalb Europas – mit der **Debitkarte** (in Deutschland auch als **Girocard** bekannt) problemlos zahlen und am Automaten Geld abheben. Debitkarten mit Maestro-Funktion sind noch bis zu ihrem Laufzeitende gültig, werden aber seit Juli 2023 sukzessive gegen sogenannte Mastercard-Debit-Karten ausgetauscht, mit denen man ebenfalls im Ausland zahlen und Geld abheben kann. Auch **Kreditkarten** sind ein gängiges Zahlungsmittel. Unter Umständen fallen für Auslandszahlungen Gebühren an. Man sollte sich bei seiner Bank oder beim Kreditkarteninstitut über die Kosten informieren.

Für das **Geldabheben** im EU-Ausland gelten die gleichen Konditionen wie in Deutschland. Wie hoch die Kosten sind, hängt von der eigenen Bank ab und sollte vor der Reise erfragt werden. Es kann jedoch vorkommen, dass Geldautomatenbetreiber im jeweiligen Land zusätzliche Gebühren erheben. Die Höhe der Kosten muss am Automaten vor der Bestätigung der Abhebung angezeigt werden.

Viele Italiener bezahlen noch bar, auch wenn eine Kartenzahlung möglich wäre. Die **Debitkarte** wird meist

Padua preiswert

Freien Eintritt gibt es in der Chiesa degli Eremitani 3, in den Giardini dell'Arena (s. S. 120), einer Parkanlage mit den Überresten des alten Amphitheaters, im Innenhof des Palazzo del Bo 17 mit seiner schönen Wappen-Ausschmückung und in die Abbazia di Santa Giustina 26 am Prato della Valle. Freien Eintritt in das Oratorio di San Giorgio 30 hat man am 18.3. und 4.10. zur Solennità di San Francesco (Feierlichkeit des heiligen Franziskus).

Mit der **Padua Urbs Picta Card** können die acht Sehenswürdigkeiten Scrovegni-Kapelle 2, Palazzo della Ragione 16, Oratorio di San Michele 21, Eremitani-Kirche 3, Oratorio di San Giorgio 30, Basilica di Sant'Antonio 28, Kapelle der Reggia Carrarese (s. S. 33) und das Baptisterium der Kathedrale 12 besucht werden. Zudem können die öffentlichen Verkehrsmittel von Busitalia Veneto kostenfrei genutzt werden. Die Kosten für die Karte gestalten sich wie folgt: Touristen zahlen für 48 Stunden 28 €, für 72 Stunden 35 €. Die Padova Urbs Picta Card kann unter www.cappelladegliscrovegni.it oder in den Musei Civici agli Eremitani 3 und in den Touristeninformationen (s. S. 118) erworben werden.

Eine **Fahrt mit der Tram** (s. S. 126) führt an vielen Sehenswürdigkeiten vorbei. So können unterwegs der Prato della Valle 25, die Scrovegni-Kapelle 2, das Grab des Antenor 34 und die Abbazia di Santa Giustina 26 bestaunt werden. Wer aufpasst, kann auch einen Blick auf die Basilica di Sant'Antonio 28 erhaschen.

048pa-sm

Die Sehenswürdigkeiten sind in Padua gut ausgeschildert

im Supermarkt eingesetzt. Vor allem in der Bäckerei *(panetteria)*, in kleinen Lebesmittelläden *(alimentari)*, Konditoreien *(pasticcerie)* und kleinen Geschäften sollte man zur Vorsicht immer Bargeld dabei haben. Eintrittstickets werden ebenfalls in der Regel bar bezahlt, sofern sie nicht vorab online gebucht wurden.

Informationsquellen

Infostellen in der Stadt

ⓘ**95** [D1] **Tourist Information Office Hauptbahnhof,** Piazzale della Stazione, 14, Tel. 0039 0495207415, Mo–Sa 9–19 Uhr, So 10–16 Uhr

ⓘ**96** [C4] **Touristeninformation Galleria Pedrocchi,** Piazzetta Cappellato Pedrocchi, 9, Tel. 0039 0495207415, Mo–Sa 9–19, So 10–16 Uhr

•**97** [C1] **Ufficio oggetti smarriti (Fundbüro),** Via Fra Paolo Sarpi, 3, Tel. 0039 0498204924, Mo, Mi, Fr 8.30–12.30, Di, Do 10.30–13.30, 14.30–16.30 Uhr. Eine aktuelle Liste der gefundenen Gegenstände befindet sich unter www.padovanet.it/informazione/oggetti-smarriti.

Die Stadt im Internet

› **www.turismopadova.it:** offizielle Tourismuswebsite der Stadt Padua
› **www.padovanet.it:** Webauftritt der Stadt mit vielen wichtigen Informationen über Padua (nur auf Italienisch)
› **www.padovanavigazione.it:** Informationen rund um Paduas Brücken und Kanälen inklusive Buchungsmöglichkeit für Ausflüge zu Wasser (nur auf Italienisch)

Publikationen und Medien

› **Padua/Padova (Venetien) Stadtplan 1 : 10.000,** TCI (Touring Club Italiano), wasser- und reißfest, handliches Taschenformat
› **Il Mattino di Padova,** https://mattinopadova.gelocal.it/padova, italienische Zeitung, die Nachrichten aus der Stadt und der Provinz publiziert

- **PadovaOggi**, www.padovaoggi.it, italienische Onlinezeitung, die außer Nachrichten auch Veranstaltungstipps veröffentlicht

Smartphone-Apps

- **Orto Botanico di Padova:** der Botanische Garten als App (kostenlos für iOS und Android)
- **Radio Padova:** Musik-App mit Angabe von Liedtexten (kostenlos für iOS und Android)
- **Padova Urbs Picta:** Erklärungen zu den acht UNESCO-Welterbestätten in Padua (kostenlos für iOS und Android)

LGBT+

Homosexuelle stellen in Padua **keine Attraktion** mehr dar, auch wenn die Stadt streng katholischen Glaubens ist. Viele Hotels haben sich auf homosexuelle Paare eingestellt. z. B. das Hotel **Suites Island Memmia** (s. S. 126), das besonders beliebt ist.

Medizinische Versorgung

Die medizinische Versorgung in Padua ist sehr gut. Es finden sich ausreichend Krankenhäuser und niedergelassene Ärzte sämtlicher Spezialbereiche der Stadt. In dringenden Fällen sollte man ein Krankenhaus oder den Medizinischen Notfalldienst (Guardia Medica) aufsuchen. Die **Notrufnummern** sind Tel. 118 oder Tel. 112.

Generell hat man mit der **Europäischen Krankenversicherungskarte (EHIC)** Anspruch auf medizinische Versorgung, allerdings muss man in der Regel **in Vorkasse gehen** und unter Umständen werden nicht alle Kosten gedeckt (am besten bei der Krankenkasse nachfragen). Man sollte also überlegen, ob es sinnvoll ist, eine **Reisekrankenversicherung** abzuschließen.

Meine Literaturtipps

- **„Giotto: das malerische Gesamtwerk“**, Luciano Bellosi, Scala 1981. Für alle Liebhaber der Kunst unverzichtbar. Anhand von Giottos Fresken wird sein Schaffen näher beleuchtet und erklärt.
- **„Padova, Storia e arte“**, Maria Beatrice Autizi, Editoriale Programma 2019. Beschreibung der Geschichte und Kunst Paduas, dabei wird auch näher auf bestimmte, für Padua wichtige Persönlichkeiten eingegangen (italienisch).
- **„Karl der Große, Vater Europas“**, Alessandro Barbero, Klett-Cotta 2007. Das Buch erklärt auf verständliche Art die großen historischen Ereignisse des Mittelalters und beleuchtet das Leben Karls des Großen. Ideal, um historische Zusammenhänge zu verstehen.
- **„Die Geheimnisse Italiens, Roman einer Nation“**, Corrado Augias, C.H. Beck 2014. Der Autor beschreibt die Geschichte Italiens auf spannende Art und Weise, sehr lesenswert für Kulturliebhaber, die z. B. dem „Jüngsten Gericht“ in der Scrovegni-Kapelle auf die Spur gehen wollen.
- **„Schlammschlacht: Ein Padua-Krimi“**, Andreas Heßelmann, TWENTYSIX, 2017. Ein unterhaltsamer, gut zu lesender Krimi, der in der Nähe von Padua spielt. Commissario Berlingui hat einen mysteriösen Mordfall aufzuklären.

In den italienischen Notaufnahmen der Krankenhäuser *(pronto soccorso)* gibt es ein **Ampelsystem**, das die Dringlichkeit der Behandlung festlegt. Die dringenden Fälle (rot) werden zuerst behandelt, die „gelben" Fälle müssen in die Warteschlange und die „grünen" Fälle, die nicht dringlich sind, müssen mit Wartezeiten von mindestens 12 Stunden rechnen. Häufig sind die Notfallzentren überfüllt und die Wartezeiten bei einem „gelben" Fall liegen oft bei mehr als acht Stunden. In nicht dringenden Fällen ist es anzuraten, sich bei einem **Allgemeinmediziner** oder bei der **Guardia Medica** (s. unten) vorzustellen. Die Praxen der Guardia Medica allerdings sind entgegen der angeschlagenen Öffnungszeiten leider oft geschlossen. Wenn es sich nicht um einen akuten Notfall handelt, empfiehlt es sich deshalb, einen Allgemeinmediziner aufzusuchen.

Krankenhäuser und Notfalldienste

98 [F5] **Azienda Ospedale Università Padova,** Via Nicolò Giustiniani, 2, Tel. 0498211111, www.aopd.veneto.it, 24 Std. geöffnet. Universitätskrankenhaus nahe des Zentrums.

99 [cf] **Clinic Villa Maria,** Via Luigi Pellizzo, 3, Tel. 049776222, https://padova-via-pellizzo.centrodimedicina.com, Mo–Fr 9–19 Uhr. Medizinisches Zentrum im Osten Paduas.

100 [af] **Guardia Medica Padova,** Via dei Colli, 4, Tel. 0498216860, Mo–Fr 20–8, Sa 10–24 Uhr, So ganztägig. Medizinischer Notfalldienst, Informationen zu weiteren Standorten in und um Padua mit Telefonnummern unter www.aulss6.veneto.it.

101 [af] **Medical Center,** Via Valeggio, 2, Tel. 049723042, https://padova.centrodimedicina.com, Mo–Fr 9–19 Uhr. Das Ärztehaus befindet sich im Westen der Stadt, besitzt eine eigene kleine Notaufnahme und kann Operationen durchführen.

102 [G8] **Ospedale S. Antonio,** Via Jacopo Facciolati, 71, Tel. 0498211111, 24 Std. geöffnet, Krankenhaus im Süden Paduas.

103 [be] **Poliambulatorio Arcella,** Via Tiziano Aspetti, 106, Tel. 049605344, www.poliambulatorioarcella.it, Mo–Sa 7.30–12.30 Uhr. Ambulanz im Norden Paduas.

Apotheken

104 [C4] **Farmacia Al Duomo,** Via Daniele Manin, 67

105 [D3] **Farmacia Andretta Padova dei Dott. Albino e Alessandro Andretta,** Piazza Garibaldi, 5

106 [E5] **Farmacia Fornasieri Di Fornasieri Susanna E Andrea S.N.C.,** Via S. Francesco, 157

107 [D6] **Farmacia Santa Giustina sas del dott. Livio Pinzerato,** Prato della Valle

Mit Kindern unterwegs

Spielplätze

- **108** [D2] **Giardini dell'Arena,** Corso Giuseppe Garibaldi, an der Scrovegni-Kapelle. Kleinerer Spielplatz im Grünen, gegenüber gibt es ein Bistro und zahlreiche Sitzplätze.
- **109** [A3] **Giardino Cavalleggeri,** Corso Milano, 113. Im Westen der Stadt gelegen, eher etwas für die Kleineren.
- **110** [F4] **Parco Giochi Città dei Bambini,** Via Sant'Eufemia, geöffnet: tgl. 9–19 Uhr, im Sommer auch länger. Größerer Spielplatz nördlich des Universitätskrankenhauses.

●111 [H7] **Parco Iris,** Via Giovanni Canestrini bzw. Via Guglielmo Ongarello, geöffnet: tgl. 7.30–19 Uhr. Schöner, größerer Park mit Schildkrötenteich und Spielplatz, südöstlich am Randgebiet gelegen.

Museen

› **Esapolis** (s. S. 80). Das große Insektenmuseum, das auch lebende Tiere zu bieten hat, veranstaltet auch Führungen für Kinder.
› **Museo del Giocattolo** (s. S. 80). Kleines Museum mit alten Spielzeugen.

Sonstiges

●112 [dg] **Padovaland,** Viale della Regione Veneto, 6, Tel.0498700130, www.parcopadovaland.it, geöffnet: im Sommer tgl. 10–18 Uhr, Eintritt: Sa–Di, Do für den ganzen Tag Erwachsene 22 €, Kinder 15 €, nach 14.30 Uhr Erwachsene 15 €, Kinder 10 €, Mi und Fr Erwachsene 10–20 €, Kinder 10–14 €. Schönes, großes Erlebnisbad mit unterschiedlichen Rutschen für jedes Alter, Massagebecken und Wasservolleyball-Platz.

●113 [G4] **Planetarium,** Via Alvise Cornaro, 1, Tel. 049773677, www.planetariopadova.it, Mo–Sa 9–12, 15.30–18.30 Uhr, Einritt 10 €, 6–15 Jahre 8 €, darunter frei

Notfälle

› **Polizei und Notrufzentrale vom Mobiltelefon aus:** Tel. 112
› **Medizinischer Notfall:** Tel. 118 oder 112
› **Feuerwehr** *(Vigili del Fuoco):* Tel. 115

Kartensperrung

Bei **Verlust der Debit-/Giro-, Kredit- oder SIM-Karte** gibt es für Kartensperrungen eine **deutsche Zentralnummer** (unbedingt vor der Reise klären, ob die eigene Bank bzw. der jeweilige Mobilfunkanbieter diesem Notrufsystem angeschlossen ist). **Aber Achtung:** Mit der telefonischen Sperrung sind die Bezahlkarten zwar für die Bezahlung/Geldabhebung mit der PIN gesperrt, nicht jedoch für das **Lastschriftverfahren mit Unterschrift.** Man sollte daher auf jeden Fall den Verlust zusätzlich **bei der Polizei zur Anzeige bringen,** um gegebenenfalls auftretende Ansprüche zurückweisen zu können.

In **Österreich** und der **Schweiz** gibt es keine zentrale Sperrnummer, daher sollten sich Besitzer von in diesen Ländern ausgestellten Debit- oder Kreditkarten vor der Abreise bei ihrem Kreditinstitut über den zuständigen Sperrnotruf informieren.

Generell sollte man sich immer die **wichtigsten Daten** wie Kartennummer und Ausstellungsdatum **separat notieren,** da diese unter Umständen abgefragt werden.

› **Deutscher Sperrnotruf:** Tel. +49116116 oder Tel. +493040504050
› **Weitere Infos:** www.kartensicherheit.de, www.sperr-notruf.de

073pa-sm

⊡ *Die Zeiten der Gottesdienste und des Abendmahls in der Abbazia di Santa Giustina* 26

Öffnungszeiten

Die Öffnungszeiten variieren. Größere **Supermärkte** öffnen meist von Montag bis Samstag zwischen 7 und 9 Uhr und schließen um 20/21 Uhr. **Alimentari** (kleine Lebensmittelläden) legen oft um 12/13 Uhr eine Mittagspause ein und öffnen dann wieder ab 15/16 Uhr. **Banken** haben in der Regel Montag bis Freitag von 8.30 Uhr bis 13.30 Uhr und von 16.30 Uhr bis 18/19 Uhr auf. **Postämter** öffnen meist Montag bis Samstag ab 9 Uhr, schließen entweder gegen 14 Uhr oder haben auch ganztägig geöffnet.

Behörden Montag bis Freitag von 8.30 bis 13 Uhr. **Restaurants, Osterien und Trattorien** öffnen, sofern sie einen Mittagstisch anbieten, in der Regel um 12 Uhr, schließen gegen 15 Uhr wieder und öffnen dann um 19/20 Uhr für das Abendessen. **Focaccerien, Panetterien** und **Pasticcerien** haben meist durchgängig bis abends geöffnet. Die Öffnungszeiten von **Pizzerien** und **Rosticcerien** weichen stärker voneinander ab. **Museen** haben häufig montags geschlossen.

049pa-sm

Post

Das **Porto** für Postkarten und Briefe innerhalb Europas beträgt 1,15 €. Die für Italien klassisch roten **Briefkästen** finden sich nahe den Postämtern. Sie tragen die Aufschrift „Poste". **Briefmarken** *(francobolli)* können entweder bei der Post oder auch in einer *tabaccheria* (Tabakladen) gekauft werden.

⊠**114** [E2] **Poste Italiane (1),** Via Niccolò Tommaseo, 68, geöffnet: Mo–Fr 8.20–13.35, Sa 8.20–12.35 Uhr

⊠**115** [D5] **Poste Italiane (2),** Via Rudena, 89, Mo–Fr 8.20–13.35, Sa 8.20–12.35 Uhr

◁ *Das Fahrradfahren gehört zu Padua wie die Butter zum Brot*

Radfahren

Das Fahrrad gehört in Padua zum Alltag. In der Stadt gibt es ca. 700 Leihräder von **RideMovi**, die rund um die Uhr verfügbar sind. Leihstellen gibt es am Hauptbahnhof, an der Piazza Garibaldi [D3], am Prato della Valle 25 und an der Porta Portello [G3]. Alle Fahrräder sind mit einem GPS-System, einer Identifikationsnummer und einem Diebstahlschutz ausgestattet. Um ein Fahrrad nutzen zu können, ist eine kostenfreie Registrierung bei RideMovi über die gleichnamige **App** (kostenlos für iOS und Android) nötig. Nach erfolgreicher Registrierung wird eine Stadtkarte mit den nächstgelegenen freien Fahrrädern angezeigt, die dann per App buchbar sind. Aktuell zahlt man für 20 Minuten 1 €.

Für Fahrradfahrer gelten die Einschränkungen der ZTL nicht. Sie können sich überall frei bewegen. Eine gute Übersicht über Fahrradstrecken, Informationspunkte und darüber, wie man mit dem Fahrrad Zug fahren kann, gibt die Broschüre **„Bicicletta – Padua und Provinz mit dem Fahrrad: Routen und Ausflüge"**, die unter www.turismopadova.it/de/brochures („Broschüren"/„Bicicletta") als PDF herunterladbar ist.

Weitere Informationen inklusive **Innenstadtkarten mit Fahrradwegen** sind auf der Website der Comune zu finden: www.padovanet.it/informazione/le-piste-ciclabili-nel-comune-di-padova.

Sicherheit

Wie in jeder Großstadt spielen die Themen Kriminalität und Drogenhandel leider auch in Padua eine Rolle. **Abends** sollte man daher **Parks und dunkle Ecken meiden.** Auch die Gegend um den **Hauptbahnhof** sollte man dann besser nicht aufsuchen. Tagsüber hat man als Tourist in Padua allerdings nichts zu befürchten. Generell sollte man ein Auge auf seine Wertsachen haben und sie nicht öffentlich zur Schau stellen.

Sprache

In Padua, wie sollte es anders sein, wird **Italienisch** gesprochen und jeder Tourist, der ein paar Brocken Italienisch beherrscht, wird auf freundliche Reaktionen stoßen. Wer kein Italienisch spricht, kommt in der Universitätsstadt aber auch mit **Englisch** zurecht.

Stadttouren

- **Hop-on-hop-off-Tour** mit dem roten Sightseeingbus: 15 € pro Person für ein 24-Stunden-Ticket, buchbar direkt vor Ort an den wichtigen Sehenswürdigkeiten oder online unter www.city-sightseeing.it/it/hop-on-hop-off-padova
- **Segway-Touren** können online unter www.lifetreemobility.it/servizi/padova-segway-tours gebucht werden.
- Eine gute Auswahl an online buchbaren **Rundgängen** bietet www.guidepadova.it/de-de/itineraricategorie. Viele Hotels bieten ebenso Rundgänge und Ausflugspakete wie Bootstouren, Themenausflüge usw. an.

Telefonieren

Die **Landesvorwahl** von Italien ist die 0039. Die **Vorwahl von Padua** ist die 049. Sie ist fester Bestandteil der **Rufnummer** und wird auch innerhalb

Landesvorwahlen
- **Italien:** 0039
- **Schweiz:** 0041
- **Deutschland:** 0049
- **Österreich:** 0043

des Ortes mitgewählt. Bei Anrufen aus dem Ausland wird nach der italienischen Landesvorwahl die vollständige Rufnummer inklusive der führenden Null gewählt. Mobilfunknummern beginnen mit einer 3.

In der EU gibt es keine Roaminggebühren mehr. Das Telefonieren und Surfen mit dem Handy ist im EU-Ausland so günstig wie zu Hause – es sei denn, man nutzt das Handy im Ausland über einen längeren Zeitraum hinweg, dann können je nach Anbieter Nutzungsobergrenzen gelten.

Unterkunft

Unterkünfte gibt es in Padua wie Sand am Meer, vor allem Bed & Breakfasts, aber auch kleinere Hotels mit zwei bis drei Sternen und Pensionen, die oft auch in Nähe der wichtigsten Sehenswürdigkeiten liegen. Große Luxushotels gibt es nur vereinzelt. Behindertengerechte Zimmer sind vor allem in Hotels zu finden.

Preislich reicht die Spannweite vom Schlafsaalbett im Hostel für ca. 20 € über ein Standard-Doppelzimmer in einem 3-Sterne-Hotel für rund 60 € bis hin zu Edel-Suiten, deren Preise ab 114 € pro Nacht beginnen. Padua hat für jeden Geschmack, Anlass und Geldbeutel etwas zu bieten.

In Padua wird eine **Bettensteuer** *(tariffa dell'imposta di soggiorno)* erhoben. Bei Buchung eines Hotels mit einem Stern wird 1 € pro Nacht und Person fällig, bei zwei Sternen 1,50 €, bei drei Sternen 2 € und ab vier Sternen 3 €. Für Bed & Breakfasts, Ferienhäuser und -apartments, religiöse Unterkünfte wie Klöster werden jeweils 1 € fällig.

116 [C2] **Casa al Carmine** €€, Via E. Vendramini, 1, Tel. 3289613480, www.casaalcarmine.it. **Grandiose Aussicht:** Das Casa al Carmine beeindruckt mit einer Dachterrasse, die eine weite Aussicht über Padua garantiert. Das Hotel verfügt über verschiedene Zimmerkategorien, allesamt sauber und freundlich eingerichtet und ist nahe der Basilica di Santa Maria del Carmine im Westen der Stadt gelegen.

117 [C3] **Diamantino Town House** €€€€, Piazza dei Signori, 28, Tel. 0498752154, www.diamantino.it. **Zentral und mit toller Aussicht:** An der Piazza dei Signori gelegenes 3-Sterne-Hotel mit Blick auf den berühmten Platz mit Uhrturm und Markttreiben. Die Zimmer sind sauber und mit klassischem Mobiliar eingerichtet.

118 [dg] **DC Hotel International** €, Corso Stati Uniti, 14/B, Tel. 0497641333, www.dchotel.it. **Ideal für den kleineren Geldbeutel:** Das ein wenig außerhalb der Innenstadt gelegene, aber trotzdem gut erreichbare 3-Sterne-Hotel bietet einen hoteleigenen bewachten Parkplatz, der

Preiskategorien

Die angegebenen Preiskategorien beziehen sich auf eine Nacht für zwei Personen im Doppelzimmer mit Frühstück.

€	bis 60 €
€€	60–80 €
€€€	80–100 €
€€€€	ab 100 €

auch für Wohnmobile geeignet ist. Alle Zimmer sind modern und schick eingerichtet. Gutes Preis-Leistungs-Verhältnis.

119 [D5] **Hotel Casa del Pellegrino** €€, Via M. Cesarotti, 21, Tel. 0498239711, www.casadelpellegrino.com. **Besonders gut gelegen:** Das nahe der Basilica di Sant'Antonio gelegene 3-Sterne-Hotel bietet helle, saubere Zimmer mit oder ohne Blick auf die Basilika. Auch Familienzimmer buchbar.

120 [D5] **Hotel Donatello** €-€€, Via del Santo, 102, Tel. 0498750634, www.hotel-donatello.net. **Besonders gut gelegen:** Sauberes 3-Sterne-Hotel direkt neben der Basilica di Sant'Antonio, je nach Zimmerlage mit Balkon und Blick auf die Kirche. Ausflüge nach Venedig und Stadtrundgänge in Padua im Hotel buchbar.

121 [E5] **Hotel Giotto** €€, Piazzale Pontecorvo, 33, Tel. 0498761845, www.hotelgiotto.com. **Gut und günstig:** Zweckmäßig eingerichtetes 3-Sterne-Hotel nahe der Porta Pontecorvo und der Basilica di Sant'Antonio.

122 [D1] **Hotel Grand'Italia** €€, Corso del Popolo, 81, Tel. 0498752154, www.

Buchungsportale

Neben Buchungsportalen für **Hotels** (z. B. www.booking.com, www.hrs.de oder www.trivago.de) bzw. für **Hostels** (z. B. www.hostelworld.com) gibt es auch Anbieter, bei denen man **Privatunterkünfte** buchen kann. Portale wie www.airbnb.de oder www.wimdu.de vermitteln Wohnungen, Zimmer oder auch nur einen Schlafplatz auf einer Couch. Diese oft recht günstigen Übernachtungsmöglichkeiten sind nicht unumstritten, weil manchmal normale Wohnungen gewerblich missbraucht werden. Einige Städte greifen deshalb regulierend ein.

Das Hotel Donatello befindet sich neben der Basilica di Sant'Antonio 28

hotelgranditalia.it. **Mit Stil und Charme:** Das nur eine Minute vom Hauptbahnhof entfernte 4-Sterne-Hotel erwartet den Besucher mit einem Jugendstil-Interieur und klassisch eingerichteten Zimmern. Haustiere sind erlaubt.

123 [F5] **Hotel Maritan** €€, Via Gattamelata, 34, Tel. 049850177, www.hotelmaritan.it. **Gut und günstig:** Das nahe der Universitätsklinik gelegene 3-Sterne-Hotel mit türkischem Bad empfängt seine Gäste mit einfachen, zweckmäßigen Zimmern mit oder ohne Balkon. 10 Minuten zu Fuß zur Basilica di Sant'Antonio. Bushaltestelle neben dem Hotel.

124 [B1] **Hotel Patavium** €€, Via Beato Pellegrino, 106, Tel. 049723698, www.hotelpatavium.it. **Terrasse im Grünen:** Das 3-Sterne-Hotel Patavium, das seinen Gästen neben hübschen, klassisch bis modern eingerichteten, sauberen Zimmern auch eine Terrasse für das morgendliche Frühstück im Grünen bietet, ist nur fünf Minuten vom Hauptbahnhof entfernt. Auch Familienzimmer buchbar.

125 [B6] **Massimago Wine Tower** €€€-€€€€, Via Pasquale Paoli, 16, Tel. 3288918977, https://massimago.com. **Ausgefallenes Konzept:** Ein Traum von einer Unterkunft in einem Turm aus dem 14. Jahrhundert mit Fresken, antikem Mobiliar und Holzbalkendecken erwartet den Besucher. Jedes der Zimmer ist anders gestaltet. Viel Liebe zum Detail und nur wenige Meter vom Castello Carrarese entfernt.

126 Park Camper Cap Nord/Area Sosta Camper Padova, Via Telemaco Signorini. Stellplatz für Camper im äußersten Norden Paduas, 24 Std. geöffnet, Tagessatz 8 €, 36 Steckdosen verfügbar (2 € für 8 Std.), Wasserversorgung 1 € für 5 Min.

127 Residence Bertolini €€, Via Altichiero, 162, Tel. 0498648306, www.bertolini1849.it. **Für Selbstversorger:** Nur wenige Meter von der Autobahnabfahrt entfernt, empfängt das 4-Sterne-Hotel seine Gäste mit einem größeren privaten Parkplatz, einer Küchenzeile im Zimmer und einem Restaurant. Alle Zimmer sind freundlich und sauber eingerichtet. Eine Haltestelle für den Bus nach Padua ist nur rund 100 m entfernt.

128 [C6] **Suites Islands Memmia** €€€€, Prato della Valle, 106, Tel. 3494335389, www.isolamemmia.com. **LGBTQ-freundlich:** Das stilvoll modern eingerichtete Hotel mit herrlicher Aussicht auf den Prato della Valle begrüßt seine Gäste in einem historischen Palazzo. Mit Wellness- und Fitnessraum. Kostenloser Fahrradverleih.

129 [ce] **Villa Leonati** €€€, Via Domenico Leonati, 61, Tel. 3271285357. **Für Kunst- und Gartenliebhaber:** Das B&B liegt rund 5,5 km vom Hauptbahnhof entfernt und ist in einen 10.000 m² großen Garten von beeindruckender Schönheit eingebettet. Die Zimmer sind alle liebevoll künstlerisch eingerichtet. Eine Bushaltestelle befindet sich etwa 350 m entfernt.

Verkehrsmittel

Am einfachsten erkundet man Padua zu Fuß oder mit dem Rad (s. S. 123), allerdings steht auch ein gut ausgebauter öffentlicher Nahverkehr mit **Bus** und **Tram** zur Verfügung. Paduas Straßenbahn besteht aus nur einer Linie, die den Norden mit dem Süden verbindet, das übrige Stadtgebiet wird von 18 Buslinien bedient.

› Fahrplanauskünfte für Bus und Tram: Tarife, Uhrzeiten (Orari) und eine Übersichtskarte (Mappa delle linee) findet man auf www.fsbusitaliaveneto.it unter „Veneto"-„Orari e linee".

Die Straßenbahn verbindet den Norden und den Süden der Stadt

Die sechs **Stadtviertel** (s. S. 102) sind in den Fahrplänen der Busse und der Tram zum Teil noch unter ihren **alten Namen** zu finden:

- **Quartiere 1**
- **Quartiere 2 Nord:** Arcella, S. Carlo oder Pontevigodarzere
- **Quartiere 3 Est:** Brenta-Venezia oder Forcellini-Camin
- **Quartiere 4 Sud-Est:** S. Croce-S. Osvaldo bzw. Bassanello-Voltabarozzo
- **Quartiere 5 Sud-Ovest:** Armistizio-Savonarola
- **Quartiere 6 Ovest:** Brentella-Valsugana

Tickets

Das Ticket für eine Fahrt mit der **Straßenbahn** oder dem **Bus** kostet innerhalb Paduas 1,30 € und gilt 75 Minuten. Wer in die umliegenden Gebiete fahren möchte, muss ein 90-Minuten-Ticket für 1,50 € kaufen. Die Tickets gelten in Bus oder Bahn **für eine Fahrt zum Zielpunkt inklusive Umstieg** und müssen **abgestempelt** werden (Einstieg bei beiden immer durch die Vordertür). Wer ohne oder mit abgelaufenem Ticket erwischt wird, muss mit einem hohen **Bußgeld** rechnen.

Bei einer Fahrt mit der Tram muss man das Ticket vor dem Einstieg erwerben, bei Fahrt mit dem Bus kann es auch im Bus gelöst werden, kostet dann aber sowohl für 75 als auch für 90 Min. 2 €. An den meisten Tram-Haltestellen stehen **Ticketautomaten.** Man kann Tickets aber auch oft in einer *tabaccheria,* einem *alimentari* und anderen Geschäften kaufen. Offizielle Verkaufsstellen sind:

- **•130** [G1] **Uffici Busitalia Veneto (1),** Via Rismondo, 28, Mo–Fr 8–13 Uhr, 14–16.30 Uhr
- **•131** [C4] **Uffici Busitalia Veneto (2),** Piazza dei Signori, täglich 7.15–13.15 Uhr
- **•132** [D1] **Uffici Busitalia Veneto (3),** Piazzale della Stazione (Hauptbahnhof), täglich 7–19 Uhr

Tickets für alle städtischen und außerstädtischen Verkehrslinien in Padua (und Rovigo) kann man auch über die **App DropTicket** kaufen (kostenlos für iOS und Android). Die App ist allerdings ausschließlich auf Italienisch.

076pa ©bbsferrari, stock.adobe.com

Taxi

Taxis können auf der Straße angehalten werden. Eine Fahrt ist allerdings vergleichsweise teuer. Der **Grundpreis** beläuft sich zwischen 6 und 22 Uhr durchschnittlich auf 6 € und zwischen 22 und 8 Uhr auf 8,50 €. Von 6 bis 22 Uhr zahlt man pro angefangenem **Kilometer** innerhalb der Stadt zwischen 1,13 € und 1,25 € und außerhalb zwischen 1,74 € und 1,85 €. Von 22 bis 6 Uhr sind es innerhalb der Stadt 1,25 und außerhalb 1,90 €. Pro (angefangene) Wartestunde beträgt der Durchschnittspreis 26,50 €. Die Mitnahme eines Koffers wird durchschnittlich mit 55 Cent berechnet, eine vierte Person mit 1,05 €.

Nachts können bis zu zwei Frauen beim sogenannten **Pink Taxi** einen Rabatt von 6 bis 10 % erhalten. Pink Taxi ist ein Projekt der Genossenschaft Padua Radiotaxi (Tel. 049651333, rund um die Uhr erreichbar) für eine sicherere Mobilität von Frauen.

Wetter und Reisezeit

Die **beste Reisezeit**, um Padua zu entdecken, ist **von Ende März**, wenn man mit Temperaturen von rund 15 bis 20 Grad rechnen kann, die ersten Blumen ihre Köpfchen recken und die Bäume sich in ein zartes Grün hüllen, **bis Juni**, wenn die Sonne bereits heiße Tage um die 30 Grad beschert. In diesen Monaten ist Padua nicht überfüllt. Der Ansturm der Besucher beginnt meist im Juli und hat im August, wenn die Italiener selbst in die Ferien gehen, ihren Höhepunkt. Dann liegen die Temperaturen auch selten unter 30 Grad. Erst in der zweiten Septemberhälfte fallen sie allmählich wieder auf rund 20 Grad ab und pendeln sich in der zweiten Oktoberhälfte bei etwa 15 Grad ein. Auch **September** und **Oktober** können demnach eine angenehme Reisezeit sein, vor allem für diejenigen, die eine große Hitze nicht vertragen. Im **Dezember** liegen die Temperaturen zwischen 5 und 10 Grad. Nicht selten scheint auch dann die Sonne noch kräftig genug, dass man auf der Terrasse eines Lokals einen Spritz oder einen Cappuccino genießen kann.

Wetter in Padua

Durchschnitt	Jan	Febr	März	Apr	Mai	Juni	Juli	Aug	Sept	Okt	Nov	Dez
Maximale Temperatur	6°	8°	12°	17°	21°	25°	27°	27°	24°	19°	12°	8°
Minimale Temperatur	1°	2°	5°	10°	14°	17°	19°	18°	16°	11°	7°	3°
Regentage	6	6	7	9	8	8	7	7	5	7	9	8

ANHANG

050pa-sm

Kleine Sprachhilfe Italienisch

Die Sprachhilfe entstammt den Kauderwelsch-Sprachführern **„Italienisch – Wort für Wort“** und **„Italienisch kulinarisch“** aus dem Reise Know-How Verlag.

Aussprache

Hier sind diejenigen Buchstaben(kombinationen) aufgeführt, deren Aussprache abweichend vom Deutschen ist bzw. sein kann.

ie, ai, eu	Doppellaute werden immer getrennt ausgesprochen, also „i-e“, „a-i“, „e-u“.
c	wie „k“ vor den Selbstlauten a, o, u; wie „tsch“ in „Matsch“ vor den Selbstlauten e, i
ch	wie „k“
g	wie „g“ vor den Selbstlauten a, o, u; wie „dsch“ in „Dschungel“ vor den Selbstlauten e, i
gh	wie „g“
gli	wie „lj“
gn	wie „nj“ in „Tanja“
h	stumm, wird nicht gesprochen
r	gerolltes Zungenspitzen-r
s	am Wortanfang immer stimmloses „s“ wie in „Bus“; in der Wortmitte zwischen Selbstlauten stimmhaftes „s“ wie in „Rose“
st	spitzes „st“ wie in „Hast“
v	wie „v“ in „Vase“
z	stimmhaftes „ds“ wie in „Rundsaal“

Zahlen

0	*zero*	16	*sedici*	50	*cinquanta*
1	*uno*	17	*diciassette*	60	*sessanta*
2	*due*	18	*diciotto*	70	*settanta*
3	*tre*	19	*diciannove*	80	*ottanta*
4	*quattro*	20	*venti*	90	*novanta*
5	*cinque*	21	*ventuno*	100	*cento*
6	*sei*	22	*ventidue*	200	*duecento*
7	*sette*	23	*ventitré*	300	*trecento*
8	*otto*	24	*ventiquattro*	400	*quattrocento*
9	*nove*	25	*venticinque*	500	*cinquecento*
10	*dieci*	26	*ventisei*	600	*seicento*
11	*undici*	27	*ventisette*	700	*settecento*
12	*dodici*	28	*ventotto*	800	*ottocento*
13	*tredici*	29	*ventinove*	900	*novecento*
14	*quattordici*	30	*trenta*	1000	*mille*
15	*quindici*	40	*quaranta*	2000	*duemila*

Die wichtigsten Richtungsangaben

(a) sinistra	(nach) links	*indietro*	zurück
(a) destra	(nach) rechts	*vicino*	nah
diritto	geradeaus	*lontano*	weit

+++ Die wichtigsten Wörter mit dem Bonus-Audiotrack des Kauderwelsch-

qui, qua	hier	*tornare*	zurückgehen
lì, là	dort	*all'angolo*	an der Ecke
accanto	nebenan	*all'incrocio*	an der Kreuzung
di fronte	gegenüber	*al semaforo*	an der Ampel
davanti	vor, vorne	*in centro*	im Zentrum
svoltare	abbiegen	*fuori città*	außerhalb der Stadt

Die wichtigsten Fragewörter

chi?	wer?	*quando?*	wann?
che (cosa)?	was?	*perchè?*	warum?
come?	wie?	*quanto?*	wie viel?
dove?	wo(hin)?	*quanti/-e?*	wie viele?
di/da dove?	woher?	*quale?*	welche(r)?

Die wichtigsten Zeitangaben

oggi	heute	*a mezzogiorno*	mittags
domani	morgen	*di pomeriggio*	nachmittags
ieri	gestern	*di sera*	abends
adesso, ora	jetzt	*di notte*	nachts
subito	sofort	*lunedì*	Montag
sempre	immer	*martedì*	Dienstag
mai	nie	*mercoledì*	Mittwoch
ancora	schon	*giovedì*	Donnerstag
prima	vorher	*venerdì*	Freitag
dopo	nachher	*sabato*	Samstag
di mattina	morgens	*domenica*	Sonntag

Die wichtigsten Fragen und Bitten

Gibt es ...?	*C'è ...?*
Ich brauche ...	*Ho bisogno di ...*
Ich möchte / Ich will ...	*Vorrei ... / Voglio ...*
Geben Sie mir bitte ...	*Mi dia ..., per favore.*
Wo kann man ... kaufen?	*Dove si può comprare ...?*
Wie viel kostet ...?	*Quanto costa / viene ...?*
Wie viel kostet das?	*Quanto costa?*
Was ist das?	*Che cosa è questo?*
Wo ist / befindet sich ...?	*Dov'è ...?*
Ich möchte nach ... fahren.	*Vorrei andare a ...*
Wie komme ich nach ...?	*Come faccio ad andare a ...?*
Wie viel kostet die Fahrt nach?	*Quanto costa il viaggio per ...?*
Ist das der Zug nach ...?	*È questo il treno per ...?*
Wann fährt der Bus nach ... ab?	*A che ora parte l'autobus per ...?*
Bringen Sie mich bitte zu / nach ... (im Taxi)	*Mi porti a ..., per favore.*

Die wichtigsten Floskeln und Redewendungen

ja - nein	*sì - no*
bitte (um etw. bitten)	*per favore*
Bitteschön! (anbieten)	*Prego!*
(Vielen) Dank!	*Grazie (tanto)!*
Keine Ursache!	*Di niente!*
Guten Morgen / Tag!	*Buongiorno!*
Guten Abend!	*Buona sera!*
Herzlich willkommen!	*Benvenuto!/Benvenuta!*
Wie geht es dir / Ihnen?	*Come stai / sta?*
(Sehr) gut. - Schlecht.	*(Molto) bene. - Male.*
Auf Wiedersehen!	*Arrivederci!*
Hallo! (zu Freunden)	*Ciao!*
Bis später! / Bis morgen!	*A più tardi! / A domani!*
In Ordnung!	*Va bene!, D'accordo!*
Ich weiß (es) nicht.	*Non lo so.*
Guten Appetit!	*Buon appetito!*
Zum Wohl!, Prost!	*Salute!, Cin cin!*
Die Rechnung, bitte!	*Il conto, per favore!*
Entschuldige/n Sie!	*Scusa! / Scusi!*
Es tut mir leid!	*Mi dispiace.*
Gestatten!, Darf ich?	*Permesso? (beim Eintreten/Vorbeigehen)*
(Sehr) gern!	*(Molto) volentieri!*
Sag / sagen Sie mir!	*Dimmi! / Mi dica!*
Helfen Sie mir bitte!	*Mi aiuti, per favore!*
Hilfe!	*Aiuto!*

Nichts verstanden? – Weiterlernen!

Ich spreche nicht gut Italienisch.	*Non parlo bene l'italiano.*
Ich möchte Italienisch lernen.	*Vorrei imparare l'italiano.*
Wie bitte?	*Come?*
Was haben Sie gesagt?	*Che cosa ha detto?*
Das habe ich nicht verstanden!	*Non ho capito!*
Sprechen Sie Englisch?	*Parla l'inglese?*
Wie sagt man das auf Italienisch?	*Come si dice in italiano?*
... auf Deutsch	*... in tedesco*
... auf Englisch	*... in inglese*
... auf Französisch	*... in francese*
... auf Niederländisch	*... in olandese*
Wie spricht man dieses Wort aus?	*Come si pronuncia questa parola?*
Wiederholen Sie das bitte!	*Ripeta, per favore!*
Können Sie bitte langsamer sprechen?	*Può parlare più lentamente, per favore?*
Können Sie mir das bitte aufschreiben?	*Me lo può scrivere, per favore?*

Im Restaurant bestellen

Können wir bitte die Speisekarte/ Getränkekarte haben?	*Possiamo avere il menù/la lista delle bevande, per favore?*
Wir möchten bitte bestellen.	*Vorremmo ordinare.*
Was können Sie uns empfehlen?	*Cosa ci consiglia?*
Was ist das Tagesgericht?	*Cos'è il piatto del giorno?*
Was sind die Spezialitäten der Gegend?	*Quali sono le specialità della regione?*
Ich nehme als Vorspeise/ersten Gang/ zweiten Gang ...	*Prendo come antipasto/primo piatto/ secondo piatto ...*
Die Rechnung, bitte.	*Il conto, per favore.*
Stimmt so, danke.	*Va bene così, grazie.*

Die wichtigsten Einkaufsfloskeln

Ich suche ...	*Cerco ...*
Haben Sie ...?	*Ha ...?*
Wo kann ich ... finden?	*Dove posso trovare ...?*
Gibt es hier einen Markt?	*C'è un mercato qui?*
Wo ist der nächste Supermarkt?	*Dove si trova il supermercato più vicino?*
Könnten Sie mir bitte helfen?	*Mi potrebbe aiutare, per cortesia?*
Ich hätte gern ...	*Vorrei ...*
Geben Sie mir bitte ...	*Mi dà ..., per favore.*
Wie viel kostet das?	*Quanto costa?*
Wie viel kostet das Kilo?	*Quanto costa al chilo?*
Etwas weniger/mehr, bitte.	*Un po' di meno/più, per favore.*
Danke, das genügt.	*Basta così, grazie.*
Danke, das ist alles.	*Grazie, è tutto.*
Um wie viel Uhr öffnen/schließen Sie?	*A che ora apre/chiude?*

Die wichtigsten Begriffe im Restaurant

menù	Speisekarte	*antipasto*	Vorspeise
primo	erster Gang	*secondo*	zweiter Gang
dessert (m)	Nachspeise	*porzione (w)*	Portion
piatto del giorno	Tagesgericht	*lista delle bevande*	Getränkekarte
piatto	Teller	*tazza*	Tasse
vino	Wein	*birra*	Bier
acqua	Wasser	*pane (m)*	Brot
bottiglia	Flasche	*bicchiere (m)*	Glas
coperto	Gedeck	*posate*	Besteck
forchetta	Gabel	*coltello*	Messer
cucchiaio	Löffel	*minestra*	Suppe
carne (w)	Fleisch	*pesce (m)*	Fisch
frutta	Obst	*verdura*	Gemüse
contorno	Beilage	*insalata*	Salat

Zugspitze, Foto: Aneta Niemitz

Register

Impressum

Sandra Mwamba

CityTrip Padua

© Reise Know-How Verlag
Peter Rump GmbH
2., neu bearbeitete und aktualisierte Auflage 2024

ISBN 978-3-8317-3884-7

Printed in Germany

Druck und Bindung:
mediaprint solutions GmbH, Paderborn

Herausgeber: Klaus Werner
Layout: amundo media GmbH (Umschlag, Inhalt), Peter Rump (Umschlag)
Lektorat: amundo media GmbH
Karten: Ingenieurbüro K. Wendler, amundo media GmbH
Anzeigenvertrieb: KV Kommunalverlag GmbH & Co. KG, Alte Landstraße 23, 85521 Ottobrunn, Tel. 089 928096-0, info@kommunal-verlag.de
Kontakt: Osnabrücker Str. 79, 33649 Bielefeld, info@reise-know-how.de

Alle Angaben in diesem Buch sind gewissenhaft geprüft. Preise, Öffnungszeiten usw. können sich jedoch schnell ändern. Für eventuelle Fehler übernehmen Verlag wie Autorin keine Haftung.

Bildnachweis

Umschlagvorderseite: stock.adobe.com©Stefano Piazza |
Umschlagrückseite und Umschlagklappe rechts: Sandra Mwamba
Soweit ihre Namen nicht vollständig am Bild vermerkt sind, stehen die Kürzel an den Abbildungen für die folgenden Fotografen, Firmen und Einrichtungen. Sandra Mwamba: sm

Liste der Karteneinträge

Judaskuss und Gefangennahme aus dem Freskenzyklus von Giotto in der Cappella degli Scrovegni 2

Hier nicht aufgeführte Nummern liegen außerhalb der abgebildeten Karten. Ihre Lage kann aber wie die von allen Ortsmarken im Buch mithilfe der Web-App angezeigt werden (s. S. 144).

078pa

Padua mit PC, Smartphone & Co.

QR-Code auf dem Umschlag scannen oder **www.reise-know-how.de/citytrip/padua24** eingeben und die **kostenlose Web-App** aufrufen (Internetverbindung zur Nutzung nötig)!

★**Anzeige der Lage und Satellitenansicht aller** beschriebenen Sehenswürdigkeiten und weiteren Orte
★**Routenführung** vom aktuellen Standort zum gewünschten Ziel
★**Exakter Verlauf** des empfohlenen Stadtspaziergangs
★**Audiotrainer** der wichtigsten Wörter und Redewendungen
★**Updates** nach Redaktionsschluss

GPS-Daten zum Download

Die GPS-Daten aller Ortsmarken und des Spaziergangs stehen auf der Produktseite des Titels auf www.reise-know-how.de zum Download zur Verfügung.

Stadtplan für mobile Geräte

Um den Stadtplan auf Smartphones und Tablets zu nutzen, empfehlen wir die App „Avenza Maps" der Firma Avenza™. Über die Funktion „Store" kann die „Citymap Padua 2024" kostenlos geladen werden.

Die Information über und die Bereitstellung von digitalen Zusatzinhalten (z. B. Web-App, Links, GPS-Tracks o. Ä.) ist eine freiwillige Zusatzleistung des Verlages, auf die kein Anspruch besteht und für deren Richtigkeit aufgrund der Veränderlichkeit solcher Informationen auch nicht gehaftet werden kann. Insbesondere behält sich der Verlag deshalb vor, die Bereitstellung und die Zugriffsmöglichkeit zeitlich zu befristen und den Zugriff hierauf auch vorfristig abzuschalten.

Zeichenerklärung

11	Hauptsehenswürdigkeit
[C3]	Verweis auf Planquadrat im Kartenmaterial
	Arzt, Apotheke, Krankenhaus
	Bar, Bistro, Treffpunkt
	Bibliothek
	Café, Eiscafé
	Denkmal
	Fischrestaurant
+	Friedhof
	Galerie
	Geschäft, Kaufhaus, Markt
	Hotel, Unterkunft
	Imbiss, Pizzeria
	Informationsstelle
	Kirche
	Museum
	Musikszene, Disco
P	Parken
	Polizei
	Post
	Pub, Kneipe
	Restaurant
★	Sehenswürdigkeit
•	Sonstiges
	Theater, Zirkus
	Vegetarisches Restaurant
	Weinlokal
	Straßenbahn-Halt
	Stadtspaziergang (s. S. 11)